内奥への旅

―親鸞聖人の「二河白道」観―

羽田信生
Haneda Nobuo

方丈堂出版
Octave

まえがき

この羽田信生先生の『二《に》河白道《がびゃくどう》の譬喩《ひゆ》』のご講義は、二〇一一年九月に長野市にある仏教研修会でなされました。大変に素晴らしいお話で、これを会員のみのものとしておくのは申し訳なく、もったいなく思い、何とか本にして出版し、誰でもいつでも読めるようにしなければならないと思っておりました。この度、機が熟し、出版に至りました。

『二河白道の譬喩』は、仏教の譬喩の中で最も有名なものの一つです。解説書などもたくさん出版されております。言うまでもなく、この譬喩は善導大師のご著書の『観無量寿経疏』「散善義」の中に説かれているものです。親鸞聖人も『教行信証』「信巻」等に引用し、解説されている重要な教えであります。

この譬喩は、仏教の核心を、誰にもわかるきわめて簡単なたとえで表現しています。この譬喩を読むと、いかに「内省」すること―自己を知ること―が大切であるか、ということがわかります。また、自己を知ることによってのみ、人間の真の幸せ―真の自己実現―

に到達することができるということがわかります。

今まで出版された譬喩の解説書は、譬喩のみの解説に終始しています。ところが、羽田先生のこのご講義は、譬喩の解説ばかりでなく、親鸞聖人の「譬喩」観の解説も含んでいます。私の知る限り、このような書物は今までなかったのではないかと思います。

羽田先生のご講義は、単なる学問的なものではなく、先生の「信の一念」からほとばしり出てくる真に命ある生きた白熱の講義です。それはたとえて言えば、美味しい食べ物をそのまま食べられない赤子に、慈母が食べて消化して、母乳にして与えてくださるような、如来大慈悲の顕現であります。

この尊い仏縁をくださいました羽田信生先生と、出版の労をとってくださいました大城邦義先生に厚くお礼申し上げます。

二〇二三年　八月一日

清水騰堂

内奥への旅——親鸞聖人の「二河白道」観＊目次

Ⅱ　仏道における危機……26

Ⅲ　親鸞聖人の「二河白道」観……………………77

※本書中に引用した『真宗聖典』は、
東本願寺出版部発行のものです。

内奥への旅
——親鸞聖人の「二河白道」観

序　「内省の教え」としての仏教

　先ず「二河白道《にがびゃくどう》」のお話に入る前に、「仏教とは何か」ということですが、仏教は自分を知るということを教えます。「内省」です。「内省」の目的は「自覚」です。本当の自己に目覚めることです。それが「仏に成る」ということです。自分を知るということは「我《われ》とは何か」を知ることです。道元禅師は「仏道をならふといふは、自己をならふ也」（『正法眼蔵』「現成公案」）と言われました。私たちの前にはたくさんの先人がおられたわけですが、みな「自己」を問われたのです。そして、そこに「教え」が残されているのです。「仏に成る」ということは、真の自己を実現するということです。それが「自覚」ということです。私が、本当の私を実現する、自分の人生を完結する、ということです。人間である限り、誰もがこれを求めて生きているのです。この「二河白道の譬喩」（「二河譬」）は、これを教えてくれているわけです。

　親鸞聖人が「真宗」という言葉を使われるのは「真の仏教」という意味であり、宗派のことではありません。この「二河白道の譬喩」の教えを学びますと、その「浄土真宗」の教えがよくわかるのです。ですから、これは普遍的な教えであって、いつの時代の人にも、どこに住んでいる人にも、通用するものです。自己を問うということは、人間として一番根本的なことです。例えば、釈尊・善導大師・親鸞聖人など、みなそれを問題としたのです。私たちが人間に生まれて来た本当の意味を知るということは、人生においてこれほど大切なことはありません。もし私たちが人間に生まれて来た本当の意味を知らずにこの人生を終わってしまったら、人生が空しく終わってしまうことになってしまいます。それを知ることが、「いのち」が本来もっている願いですから。私たちはそれを願われて人間に生まれて来たのですから。

しかし、「内省」によって「内奥への道」を歩むことはたいへん難しいことです。それは普遍的なことであり、誰でもしようと思えばできることですけれども、自己実現の「内省の道」は決してやさしい道ではありません。仏教における自己実現の道にはたいへんな困難があるのです。それで、今回「仏教に入る前の危機」と「仏教に入ってからの危機」というように大きく二つに分けまして、「自己実現の道における二つの危機」ということで、はじめに善導大師の教えをいただき、そして「親鸞聖人の二河白道観」についてお話したいと思います。

先ず、善導大師がこの譬喩を説かれた動機ですが、最初に次のように書かれています。

「また一切往生人等に白《もう》さく、今更に行者のために、一つの譬喩を説きて信心を守護して、もって外邪異見《げじゃいけん》の難を防がん。何者かこれや。」（『真宗聖典』二一九頁）

これはつまり、「内奥への道」を求めて歩もうとしている人を妨げるいろいろな邪悪な、あるいは異なった考えを持った人たちが出てきて、その道を歩むのを邪魔しようとするので、道を求めて歩む人を護らんがために、私はこの譬喩を説くのだ、と言われるのです。

この譬喩を作られたのは、唐の時代の善導大師という方で、親鸞聖人が七高僧の第五祖にあげられている方です。善導大師は法然上人が「偏依善導」（偏《ひとえ》に善導に依る）と言われた方です。法然上人は十三歳で出家されて三十年後に、この善導大師の『観無量寿経疏』の一文によって開眼されたのです。

浄土教の伝統において『仏説無量寿経』・『仏説観無量寿経』・『仏説阿弥陀経』が「浄土三部経」と言われて尊重されてきたわけですが、その『観無量寿経』の内容について、善導大師が最初から最後まで厳密に一字一句を注釈されたのが『観無量寿経疏』です。法然上人はこの書物を読まれて念仏の道に入られました。ですから、これはたいへん大切な書物です。

この『観無量寿経』の中に「三心《さんしん》」ということが出て来ますが、これは「至誠心《しじょうしん》・深《じん》心《しん》・廻《え》向《こう》発《ほつ》願《がん》心《しん》」という三つの心のことで、この三心をもって念仏を称えたら浄土へ行けるというのです。これは大切なことで、ただ口先だけで南無阿弥陀仏と言っても駄目で、この三心が一つでも欠けていたら浄土往生はできないというのです。とにかくこの三心が大切ですが、この「二河白道の譬喩」はその三心中の「廻向発願心」を説明するときに出て来るお話です。「廻向発願心」というのは、念仏を称えてその功徳を廻向して浄土に生まれたいという願いを起こす心ということです。そういう大きな枠の中でこの譬喩は説かれているのです。

この「二河白道の譬喩」は前半と後半に分かれています。前半が譬喩そのもので、後半が善導大師によるその譬喩の解説になっています。

Ⅰ　此岸（仏教以前）の危機

一　「二河譬」全景

では、その譬喩の中の旅人が置かれている場面の全景を描いている最初の段落を、口語訳して読みましょう。譬え話は次のようなものです。

「ある一人の旅人がいました。彼が西に向かって行こうとすると、眼の前に百千里の広野が現われました。そしてその広野を歩いて行くと、突然二つの河が現われました。一つは火の河で南に向かって流れ、もう一つは水の河で北に向かって流れていました。二つの河はそれぞれ幅が百歩であり、どちらも底なしの深さでした。南も北も見渡す限り際限はありません。その水と火の二河の中間に一つの白道があり、その幅は四、五寸ほどです。この道は東の岸から西の岸に向かっていて、その長さは百歩です。水の河の波浪は白道を覆《おお》い、火の河の火焔も白道を襲い焼いていました。その水波と火焔は交互に白道を覆い続けて少しも止《や》むことはありません。」

二 「一人」の旅人――すべての人間の象徴

譬喩の最初のところを口語訳でもう一度読みます。

「ある一人の旅人がいました。彼が西に向かって行こうとすると、眼の前に百千里の広野が現われました。」

ここに「一人の旅人」と「西に向かって行く」と「百千里の広野」と出て来ます。「一人の旅人」というのは人間そのもの、私たちの一人ひとりを象徴しています。芭蕉は「旅を栖《すみか》とす」（『奥の細道』）と言いましたが、私たちはみな旅人なのです。

三 「西」に向かって行く――人間の内に究極の幸せを求める

「西」という字は、鳥が巣に立っている姿からできています。一日が終わって日暮れになると日は西に沈み、鳥はねぐらに帰るという、そこからできた字です。「西」というのは仏教では大切な言葉で、「帰るべきところ」を意味します。仏教には「真如」という言葉がありますが、「本来性」ということです。私たちは本来の人間の在り方を忘れている存在だというのが、仏教の人間の見方です。私たちの本来性とは「いのち」です。「いのちの世界」は常に流れ動いていて変化している「無常の世界」です。私たちは無常の世界が苦なので、常なる世界を思い描いて、そこに住もうとしますが、固定した永続する世界はどこにもないのです。ですから、大切なことを、すなわち私たちが本来「いのち」であることを、忘れているのです。これを「西」という言葉で、帰るべき世界を表しているのです。要するに、私たちが「思い」で造っている世界から目覚めなさいというのが、「西に向かって行きなさい」という仏教の教えなのです。

四　「東」へ向かって行く——外界の人・物に幸せを求める

次に、「東」は「西」と反対の方角ですが、人間は二つの方向で幸せを求めることができるのです。私たちは仏教などを学ぶ前はみな「東」に向かっているのです。「西」の方の幸せなど考えたこともなく、みな幸せは「東」にのみあると思って、そちらに向かっているわけです。「東」に向かって行くということはどういうことかと言いますと、自分の外に幸せを実現するものを求めているということです。物・金・地位・名誉・良縁・幸運等々です。要するに、外に幸せを求めるのを「東へ向かって行く」と言うのです。

ですから「西に向かって行く」というのは方向が逆で、自分の内に幸せを求めるということです。仏教は「西」の方へ向かって行く道だから「内道」と言い、「東」の方へ行く、仏教以外の道を「外道」と言います。苦楽の原因を自分の中に見るか、外に見るか、の違いです。仏教は外に向いている眼が内に向かう眼となる転換を教えているのです。「二河白道の譬喩」はすべてこの心の転換を教えているのです。

五　「百千里」の広野——究極的な幸せは遠い

この旅人も、最初は東に向かっていたのです。ところが、どうもこれは間違っているのではないかと気づいて、西に方向転換したのです。それは、自己を知る道、内省の道ですが、しかしまだ曖昧な漠然とした気持ちで、はっきりしていないのです。それを「百千里の広野が現われる」と表現しているのです。東へ行ったのは間違いであったと気づいて、西の方に向かったのですが、何を求めているのかまだはっきりせず、また先にゴールがあるのかどうかもわかりません。「百千里」というのはたいへん遠いということで、まだ旅人の心の中に迷いや疑いがあることを表現しています。しかし、方向だけは「西」と決まったのです。

六　此岸の「空」と「独」――人生の空しさと孤独感

そのようにして、この旅人は東から西に向かい出しました。次の所を読みます。

「この旅人は、空漠とした果てのない広野にいる自分に気づきました。そこには誰一人いません。多くの群賊や悪獣がいて、この旅人がただ一人であるのを見て、競い争って彼に襲いかかり、殺そうとしました。」

ここのところの原文は以下のとおりです。

「この人、すでに空曠《くうこう》の迥《はるか》なる処《ところ》に至るに、さらに人物なし。多く群賊悪獣《ぐんぞくあくじゅう》ありて、この人の単独なるを見て、競い来《きた》りて、この人を殺さんと欲す。」（『真宗聖典』二二九頁）

ここに「空曠」の「空」と「単独」の「独」という、大切な字が二つあります。これは私たちの人生の「空しさ」と「孤独」を表現しており、「東の岸」すなわち私たちの世界の本質を表現しているのです。善導大師がこの言葉を使っておられることには、非常に大切な意味があります。真宗七祖の第三祖の曇鸞《どんらん》大師が『浄土論註』という書物の中で、これについて喩え話をされています。

先ず、私たちの人生の「空しさ」について、「蚇蠖《しゃくかく》の循環《じゅんかん》するが如し」と言われます。「蚇蠖」とは尺取虫のことです。樽の縁を尺取虫が一生懸命に這《は》っているのです。虫自身はゴールを目指してまっすぐな一本の道をまっしぐらに突き進んでいるつもりでいますが、永久にゴールはないのです。樽の縁をグルグル回っているだけなのです。尺取虫は一生懸命努力していますが、空しい努力をしている。仏教で迷いのことを「生死輪廻《しょうじりんね》」と言いますが、私たちは「内省の世界」に生まれるまでは、みなこの迷いの世界で輪廻しているのです。迷いの世界で輪廻して空しい人生を生きているのです。その虫自身にはそれがわからないのです。ですから、この尺取虫の喩えは、その「空しさ」に気づきなさいという、私たちへの教えなのです。

そして次に「孤独」の淋しさということですが、これも曇鸞大師が同じ書物の中で、譬喩で説明しておられます。それは「蚕繭《さんけん》の自縛の如し」と言います。蚕《かいこ》が桑を食べて成長すると、やがて糸を出して自分の周りに繭《まゆ》をつくって自分自身をその繭の中に閉じ込めます。自らを閉じ込めてしまうわけです。私たちも、子どもの頃は天真爛漫で友達もたくさんいたけれども、大人になって自我の殻が厚くなるにしたがって、そういう天真爛漫さが希薄になって、友達がいなくなってしまう。他人《ひと》がそうさせたのではなく、自分でそうしたのです。自分で自分を殻の中に閉じ込めてしまったのです。

　このように曇鸞大師は「空しさ」と「孤独」の淋しさが人間世界の本質だと言って、この現実に気づきなさいと警告しているのです。ところが、私たちはなかなかそのことに気づかないのです。それを「東に向かって行く」というのです。

　ところが、この旅人はそれに気づいたのです。それで楽しい世界に入れたかというと、そうではありません。もうたまらない気持になっているのです。釈尊が「生老病死」の現実を見て、お城を出て行こうとされたときは、正にこのような気持だったのでしょう。どこへ行ってどうすればよいかわからない、ただじっとしておれない気持だったのでしょう。空漠とした広野にただ一人空しくいるのです。そういう世界に自分を見出しておられるのです。

　ですから、善導大師は「空曠《くうこう》の迥《はるか》なる処《ところ》」とか「単独なるを見て」という言葉を使われたので、ただ漫然と使っているのではなく、曇鸞大師の言われたことを踏まえて使っておられるのです。曇鸞大師に学んでおられるのです。

　安田理深先生が「仏教には罪ということがあるのですか」という質問に対して、「それは人生を空しく過ごしてしまうことだ」と言われました。真宗七祖の第二祖の天親が使った言葉に「空過」という言葉がありますが、まさにそのことです。「三帰依文」にありますように、私たちが人間に生まれて来た最高の幸せは、仏に遇い、仏法を聞くことです。それをしないで人生を終わることが唯一の人間の罪だ、と安田先生は言われたのです。東に向かう方向で生き、たとえ巨万の富を得たり、高い社会的地位を得たりしても、もし仏に遇って仏法を聞くことができないで人生が終わったら、それは空しいことだ、「空過」だ、と。

仏法に入る前は、私たちの人生は円の人生なのです。しかし、仏法に入りますと、直線の人生になるのです。この直線のことを「白道《びゃくどう》」と言うのです。「道」には初めと終わりがあるのです。円にはそれがありません。ですから円は道ではないのです。グルグル回っているだけです。道でないところをいくら歩いても空しいだけです。道を歩かない限りどこへも行くことはできません。自己実現のためには、道を行かなければいけません。道にはゴールがあるのです。到達点があるのです。円にはそれがないのです。そのような道に出遇い、道を歩む生活が始まらねばならないのです。

七　「群賊・悪獣」――私たちの求道心を殺そうとするもの

ここに「多くの群賊や悪獣がいて、この旅人がただ一人であるのを見て、競い争って彼に襲いかかり、殺そうとしました」とありますように、この旅人を苦しめているのは、「空しさ」と「孤独」の淋しさだけではないのです。自分の背後から「群賊悪獣《ぐんぞくあくじゅう》」が自分を殺そうと襲ってくるのです。では、この「群賊悪獣」とは何を意味するのでしょうか。私たちは、これは恐ろしい邪悪な人たちを意味するのだと思いますが、しかしこれも一つの譬喩で、「群賊悪獣」というものは何も恐ろしい人たちという意味ではありません。これは言うならば、むしろ優しい人たちなのです。私たちのことを心配している肉親のような人たちなのです。なぜなら、この人たちが何を言っているのかと言いますと、「お前さん、一人で歩み出したけれども、そんな危ない一人の道を行かないで、こちらに戻ってきて、私たちと毎日楽しい生活をした方がいいよ。パーティーもあるし、娯楽もあるし、スポーツもあるし、何もそんな危険な道を行かないで、私たちの世界へ帰って来た方がいいよ」と優しい声をかけている人たちなのです。

ところが、この旅人は西の方が本当の世界だと思って、東に背を向けて西に向かって歩いているのです。この旅人は西の方へ行くことが正しいと思っているのです。彼にとっては、群賊悪獣たちが勧めている東の方が恐ろしい世界なのです。東に向かっている人には、彼らほど良い人たちはないのです。しかし、西に向かっている人は求道者ですから、彼らはその求道心を殺そうとする恐ろしい人たちなのです。彼の「いのち」の求道心を殺そうとするのですから。

このように、西に向かって歩む旅人には必ず「群賊悪獣」が現われて、その歩みを邪魔するということがあるのです。いろいろな手管を使って東の方向へ戻らせようとするのです。その意味では、西に向かう旅人にとっては、「群賊悪獣」はいないほうがいい人たちなのです。

しかし、さらに深く考えて見ますと、「群賊悪獣」がそこに現われるということは、よいことなのです。彼らのすることは、一見すると否定的な縁のはたらきですが、それが肯定的な縁のはたらきに転ずることもあるのです。いわゆる「逆縁」なのです。

ここで具体的なお話をします。僕が二十二歳のとき、毎田周一先生の御著書を読んで仏教を学ぶことを決心したとき、宗教が大嫌いな僕の父親は、それに大反対でした。何とかして僕が仏教を学ぶのをやめることを願ったのです。言うならば、僕の父親は、西に向かう僕を東へ呼び戻そうとした「群賊」だったのです。当時の父は頑固に僕を東へ戻そうとしました。しかし、蛙の子は蛙で、僕も同じ頑固さをもって西へ向かおうとしました。当時は、僕は父親の反対は単に否定的な意味しかないと思っておりました。しかし今、あの時の父親の大反対のことを思うと、あれは僕にとってたいへん有難い、肯定的な縁でもあったということを思うのです。父親のあの大反対の力が、つまり僕を東へ戻そうという力が、かえって僕の西へ向かうという願いを、決断を、深め、確固たるものにしてくれたのだ、ということを思わざるを得ないのです。

ですから、西に向かおうとした僕にとっては、父の大反対はかえって「逆縁」であったのです。逆縁として求道を激励してくれたとも言えるのです。そのように、いろいろなことが縁となって、私たちは仏道に入って行くわけです。

八　直ちに走って「西」に向かう――内省の道に入る

「そのとき、この旅人は、死をおそれて、ただちに走って西に向かいました」

ここで言っている「死をおそれて」の「死」は「求道心」の死を象徴しています。「求道心」が求道者であるこの旅人の「いのち」ですから、「求道心」が殺されるのを恐れて、急いで西に向かったのです。

以上で、「自己実現の道における二つの危機」のうちの初めの「Ⅰ　此岸（仏教以前）の危機」のお話を終わります。

Ⅱ　仏道における危機

一　「水と火の二河」を見る——自己の「貪・瞋」の無限の深さを知る

これまで、私たちが本当の自己を実現するためには西に向かわなければいけない、そうしないと空過《くうか》の人生になってしまう、ということをお話しました。さらに私たちが西に向かう大切さに気づいて、そちらに向かおうとしても、そこに「群賊悪獣」が現われて、私たちの求道心を殺そうとする、そこに此岸の危機がある、ということをお話しました。

それで、この旅人はその求道心の死を恐れて、直ちに走って西に向かったのですが、そこに突然「水」と「火」の二つの河が現われたのです。これらの河が何を意味するのかと言いますと、善導大師の説明に、

「「水火の二河」というのは、人間の貪欲《とんよく》・愛欲は水のようであり、怒り・憎しみは火の

ようだ、と喩えたものです。」

とあります。つまり、この旅人が西に向かうということは、自己を内省する世界に入って行ったということですが、そうしてみると、突然自己の内に「貪欲・愛欲の心」と「怒り・憎しみの心」が見えたということです。

では、どうして善導大師は「水」と「火」に喩えて「貪愛《とんあい》」と「瞋憎《しんぞう》」の二つを挙げておられるのか。毎田周一先生は「三毒の煩悩（貪・瞋・痴）」を挙げて、これで人間存在の全体を説明できると言われています。「貪・瞋・痴」が百八の煩悩を代表しているのです。「痴」というのは「おろか」ということですが、これは「無常の真理」を本当に知らないということで、「無明《むみょう》」ということです。すべての煩悩がここから出て来ます。すべてが常に動いていて変化しているというのが「無常の真理」で、それこそが「永遠のいのち」そのものですが、私たちはものごとを実体化し、固定して、それを握ろうとします。それが執着ということです。握ったものが私たちにとって良いものだと思うと、それをどんどん増やしたいと思うのです。その欲は限りがない。それを「貪」（すなわち貪欲・愛欲）と言うのです。

ところが、すべてのものごとは常に変化しておりますから、実体化し固定化したものが、そのまま常に持続するということはないのです。私たちが獲得したものが奪われたり、減ったり、失われたりすることがあるのです。そうすると今度は「瞋」（怒り・憎しみ）が起るのです。

このように順境だと「貪」になり、逆境だと「瞋」になるのです。すべて自分の「痴」が根本原因です。周りの人と事物は縁であって因ではないのです。自分が問題なのです。仏教では、私たちの幸せも不幸もみんな自分自身の中にその根本原因があるというのです。

ところが、それがわからずに、私たちは自分の苦を周りのせいにして、縁を因だと思うのです。これが「顚倒《てんどう》」（さかさま）ということです。人間は世間的に幸せのときは「貪」なのです。そして、それが失われると「瞋」になるのです。それは「痴」なる「無明」のゆえです。ですから、善導大師は人間の心の動きを「貪」と「瞋」の二つをもって例えたのです。人間の心はこういうものだと言うのです。

つまり「（水と火の）二つの大河を見る」ということは、この旅人が西へ向かって行ったら、つまり自己を内省したら、この二河が現われたということで、それは「貪愛・瞋憎」の煩悩の自己に直面したということです。そしてその二河は深くて底がなく、南北にも果てがない。ということは、その「貪愛・瞋憎」の二煩悩が限りなく深いということです。

今お話しました「因と縁」ということについて、もう少しお話いたします。私たちの苦しみの原因というのは、一体どこにあるのか、あるいは苦しみから解放されるということはどういうことかということですが、私たちは幸・不幸の原因を自分の外に見ます。幸せになったのはあの人のお陰であるとか、あるいは何かが手に入ったからであるとか、反対に不幸の原因についても、あいつのせいだとか、そういうのが私たちの発想です。ところが、仏教では幸・不幸も苦楽も、すべて原因は私たちの中にあるというのです。これは非常に基本的な大事なことです。そのことをわかりやすい例で説明しましょう。

たとえば、ここにロウソクの火とキャンプ・ファイヤーの火の二つの火があるとします。そこに同じ強い風が吹いてきたとします。そうすると、ロウソクの火はすぐに消えてしまいます。ところが、キャンプ・ファイヤーの火はますます盛んに燃え上がります。この火はどちらも私たちの主体を譬えているのです。このロウソクの小さな火のような私の主体にとっては、この風は恐ろしいものです。風が吹いてきて火が消えると、ロウソクの火の私はその風が原因で私が消えたと思うのです。その風が苦の原因と思い、それを呪うのです。ところが、キャンプ・ファイヤーの火のような私の主体にとっては、その風は私を盛んにしてくれるので、有難いものです。同じ風が一方にとっては否定的破壊的で、他方にとっては肯定的友好的なものになるのです。ですから、その風、つまり私たちの外から来る力は、因ではなくて縁なのです。縁は自分にとって良くもなったり悪くもなったりするのです。風そのものは同じ風で、良し悪しはないのです。その縁である風を良いとか悪いとか決めるのは、こちらの火の側なのです。この火は私たちの主体を譬えていると言いました。ですから、僕は、因は私たちの主体の側にあるということを、この譬えで説明したいのです。

たとえば、病気になって、恨んだり呪ったりして死んでいく人もいますが、人によっては「病気のおかげで、この世に生まれてきて、生きていることの深い意味がわかり、仏教の教えが本当によくわかるようになりました」と言って、病気に対して感謝している人もいるわけです。そうすると、その病気は因ではなくて縁なのです。

ですから、私たちが幸せになるか不幸になるかということは、私たちの外の縁で決まるのではなく、私たちがロウソクの火のような小さな知恵をもっているか、キャンプ・ファイヤーのような大きな智慧をもっているかによるのです。私たちがどちらの「チエ」をもって生きているかということによるのです。

西の方向、つまり内省の方向に向かって生きている人にとっては、自分の外のことは因ではなく縁なのです。しかし、東の方向に向かっている人は、それを因だと思っているのですから、そういう人にとっては、自分にマイナスのことはすべて恐ろしい嫌な憎むべきことになるのです。しかし、「内省の智慧」に目覚めた人にとっては、どんなに苦しいことを体験しても、そこに深い意味を見出すことができるのですから、それらのことは素晴らしい縁となるのです。それが信心を深め、私たちを育ててくれる縁となるのです。このような仏教の智慧を「転成の智慧」と言いますが、この智慧をいただくことが「信心」をいただくということです。

そうすると、それまで嫌でたまらなかったことがかえって信心を深め、自分の人生を深めて、味わい深いものにしてくれるのです。ですから、私たちが苦しむのは、その智慧をいただいていないからということになります。つまり、因はこちら側、すなわち私たちの主体の側にあるということです。ですから、仏教では西に向かうという生き方が自己を発見して、真の自己を実現するということになるのです。

この譬喩は、東に向かう生き方から西に向かう生き方になるということが、本当の自己に目覚める生き方になる、ということを教えているのです。「天上天下唯我独尊」と言いますが、「天上天下に、ただ我《われ》独り尊し」というその「我《われ》」は、「目覚めた真実の自己」ということです。それが尊いのです。

ですから、西に向かうということは、その真実の自己を実現するということです。それが「仏に成る」ということです。これが実現しない人の人生は不満だらけです。病気とか老いとか、そして最後は死ぬのですから。そのように人生にはプラスばかりでなく、マイナスがたくさんある。プラスは好《よ》いがマイナスは嫌だと言うのでしたら、最後は「死」という最も嫌なマイナスで人生は終わるのです。それでは人生が全部無意味になってしまいます。それが前に言った「空過」ということです。

本当の自己を発見するということは、非常に大事なことです。それは特別な人になるとか、宗教家になるとか、何か対象的に仏様を信じるとか、そういうことではない。本当の仏教はそういうことを教えているのではない。本当の自己を確立するということです。廣瀬杲《たかし》先生は「人生においてどうしても出遇わなければならないただ一人の人がいる。それは私自身である」と言われました。そういうことが大事なことになるのです。

二 「四、五寸の白道」を見る——自己の善心の小ささを知る

そして、西に向かった旅人は、突然この「大河」を眼前にして、次のように思いました。「この二つの河は、南も北も果てがない。その中間に一本の白道が見えるが、その道幅はきわめて狭い。向こう岸までは近いようだけれども、どうしたら渡ることができるだろうか。」

前に「この河が深くて底がなく、南北も際限がないというのは、私たちの煩悩が深くて限

りがないことを象徴している」と言いました。考えてみますと、私たちのDNAにはいろいろなものが入っているのです。縁があれば何が出て来るかわからないのです。ですから、私たちは自分が思っている自分と本当の自分は違うのだということを知らねばなりません。私たちは自分が可愛いから本当の自分を見ることができないのです。よく医者は自分の子どもにはメスを入れられないと言います。私たちは自己を厳しく見ると言っても、実際にはそれはできないのです。自分が自分を否定することはできないのです。ナイフを持った手をそのナイフでは切れないのです。

仏教は「無我」の教えだと言っても、「我」を自分で否定することはできません。否定しようとする「我」が残るからです。坐禅などをして「自己否定しました」とか、「自己に厳しくしています」とか言っても、そこに宗教的な「我愛《があい》」が残っているのです。あるいは真宗でも「私は救いがたい悪人でございます」などと言っても、心の中では「俺も一人前になって〈機《き》の深信《じんしん》〉がわかった」とか思って喜んでいることがあるのです。人間なんてそんなものです。自己否定を喜んでいる自己が残っているのです。そのように、自分は宗教心があるとか、自己を厳しく見ているとか言っても、それは単なる宗教的自己満足です。自分で自己を否定することはできません。「白道《びゃくどう》」があると言っても、宗教心があるとか善い心があるとか言っても、微《かす》かなものでしょう。「その道幅はきわめて狭い。

……どうしたら渡ることができるだろうか」というのは、そのことを言っているのです。

たとえば、大震災でひどい目に遭っている人を見て、何とかしてあげたいと優しい心が湧いたかと思ったら、数秒後には奥さんと夫婦喧嘩を始めて怒り狂うということもある。皮を剝いで私たちの正体を見れば、そんなものではないですか。自分で自分を見て「白道」があるように思うかもしれませんが、私たちが思う自己と仏教が見せてくれる自己というのは別です。

こういう話もあります。多くの善行をしている非常に徳の高いカソリックの尼さんがいました。この尼さんがあるとき、神様から「あなたはたいへん善い行いをたくさんしたから、何でもあなたが望む願いを叶えて上げましょう」という声を聞いた。その尼さんは、周りの人たちからも素晴らしい尼さんだと言われ、自分でも善い人間だと思っていましたので、自分の心を見たいと思い、神様に「では、是非私の心を見せてください」とお願いした。すると神様は「それだけはできない。それだけは勘弁してくれ」と言われた。しかし、その尼さんは重ねてお願いした。神様は困り果てましたが、「どうしても見たい」とその尼さんが頼むので、遂に神様はその尼さんの心を見せたのです。そうしたら何が起こったかと言いますと、その尼さんは発狂したのです。

仏教は「ありのままのお前の正体はこういうものだ」と言うのです。人間の真相を教えているのです。善導大師は、「白道」はないことはないけれども、それは「水」と「火」に常に覆われている、と言うのです。ですからこの旅人は、初めはこの白道を進んで行けると思った。自分の心の中に何かよい手掛かりがあると思った。白道に向かって勇ましく歩み出したのです。ところが、内省の道を歩もうと、いざ自分の中に入って行ってみると、今まで清らかで頼りになると思っていたものが何もないことに気づいたのです。あるのは欲と怒りだけという、自分の心の実相が見えてきたのです。これは内省が深まったと言っていいのです。

三　向こう岸は近い——究極的な幸せは見える

先程の文章に「向こう岸は近いけれども、どうしたら渡ることができるだろうか」とありました。「できるだろうか」というのは「いや、できない」ということです。これは「渡れない」という否定で、悲しいことです。しかし「向こう岸は近い」と言っています。これは素晴らしいことです。今までこの旅人にとって、目的地は百千里の彼方で、雲を掴むような遠い存在だったのです。ところが、ここで危機を体験して切羽詰まって来たら、問題がはっきりしてきたのです。「貪」と「瞋」を超えることが問題だということがはっきり見えてきたのです。この「百歩」の幅の河を超えたら幸せな世界へ行けるのです。内省によって自己の問題がはっきりすることによって、何を超えるべきかがわかり、何から解放されるべきかがわかれば、何を求めるべきかがわかってくるのです。これは表裏の関係で、否定すべきものがわかるということ、肯定すべきものがわかるということです。

私たちは否定すべきものがわからないで、何か信心をいただきたいとか、浄土へ行きたいとか、悟りを得たいとか、プラスの目的の方ばかりを見て求めている。だから、私たちはいつまで経ってもどこへも行けない。超えるべき此岸がはっきりわかれば、求むべき彼岸がわかるのです。此岸がわからないから、此岸の中で彼岸（浄土）を作ろうとするのです。仏教を学んだら幸せになるとか、健康になるとか、ひどいのは金持ちになるとか、みんな此岸でのことです。自分の欲望を満足するために仏教を利用しようとする。仏教では此岸は去るべき場所なのです。

ところが、私たちは此岸を去るべきところとは思わないで、仏教を単なる文化的な教養に変えてしまい、それを使って此岸を仏教的に飾ろうとする。教養には否定がない。頭でっかちになって「俺は仏教の本を読んで仏教のことは良く知っている」と言っても、否定がないのです。そういうのは、言ってみれば、趣味とか娯楽なのです。文化とか教養には否定がない。そんなものは本当の仏教でもなんでもない。先人がどれだけ道を求めて苦しい体験をしたか。「内省の道」はたいへんなことなのです。内省の道には絶対否定があるのです。

此岸の正体を見極めることによって、反対の求めるべき彼岸が見えて来るのです。「貪」と「瞋」を超えた世界が私の行くべき素晴らしい世界だということがわかるのです。「貪・瞋」を超えるということは、「貪・瞋」の自己を自覚し、そこに頭が下がるということです。自分の愚かさを知るということが、「悟り」とか「信心」ということなのです。仏というのは自分の愚かさに目覚めた人のことをいうのです。愚かさに目覚めるということは辛いことです。「此岸」で立派な徳のある人だと褒められるようなことが、「仏に成る」ということではないのです。「此岸」というのは、今の自分ということです。自分が愚かであるということに目覚めることが、「此岸」を去るということなのです。それが仏教の世界に入るということなのです。

今まで仏を求めるとか浄土を求めるとか言っても、雲を摑むようなものだったことが、ここで何が否定されるべきか、何が超えられるべきかが言われているのです。それによって何が求められるべきかがわかってくるのです。これは自分の中のことです。たいへんなことですが、「貪・瞋」を超えた求められるべき世界は、すぐ「百歩」先のそこに見える。そういうことがここで描かれているのです。

ここでちょっと足踏みするようですが、今向こう岸は「近い」ということが言われていましたので、そのことについてお話ししましょう。経典を見ますと、彼岸が近いということに関して、一見矛盾したようなことが書かれています。浄土や阿弥陀仏について、経典によっては「遠い」とも「近い」とも書いてあります。『阿弥陀経』には、

「これより西方に十万億の仏土を過ぎて世界あり。名づけて極楽と曰《い》う。その土に仏まします。阿弥陀と号す。」（『真宗聖典』一二六頁）

とあります。ところが『観無量寿経』では、釈尊が韋提希《いだいけ》に、

「汝いま知れりやいなや、阿弥陀仏、此《ここ》を去りたまうこと遠からず。」

（『真宗聖典』九四頁）

と言っています。これは一見矛盾しているようですが、矛盾していないのです。

韋提希は王舎城《おうしゃじょう》の王妃で、たいへんな悲劇を体験しているのです。切羽詰まった気持ちをもって、韋提希が釈尊に救いを求めたときに、釈尊はこの言葉を韋提希に語っているのです。そのような切羽詰まった気持ちで救いを求めている韋提希にとっては、浄土は近いのです。この「二河白道の譬喩」は『観無量寿経』の韋提希の体験をもとにして作られたと言われています。ですから、この旅人というのは韋提希を譬えていると考えてもいいのです。『観無量寿経』は王舎城の悲劇における韋提希の救いについて書かれていますから、

韋提希とこの旅人は大いに関係があるのです。韋提希は切羽詰まっているのです。この旅人と同じ危機の状態にあるのです。そのような韋提希にとっては、浄土は近いのです。ですから、釈尊はそのように韋提希に語ったのです。命がけで道を求めている人には浄土は近いのです。

ところが東に向かっている人、つまり仏法に、内省に無関心の人にとっては、浄土ほど遠い世界はないのです。東の岸で満足している人には、問題意識がないのです。ですから、ここで浄土が「遠い」とか「近い」とか言うのは、一般的に客観的に言っていることではなく、私たち自分自身の問題として、私たちが東と西のどちらを向いているかということなのです。「遠い」というのは、仏法に無関心な人は浄土とか阿弥陀仏の世界へは絶対に行けない、ということを意味しているのです。ところが、韋提希のように苦悩の只中で真剣に道を求めている人には、浄土は遠くないのです。

「教え」を聞こうと思ったらいくらでもあるでしょう。例えば、法然上人・親鸞聖人・道元禅師・清沢満之先生・暁烏敏先生・毎田周一先生、あるいは『歎異抄』等々は、「聞いてくれ」と言って私たちを待っておられます。聞く気のある人には決して遠くないのです。難しいとか聞く時間がないとか言っているのは、関心がないのです。そのような人は問題意識がないのですから、そういう人には遠いのです。そんな気持ちで仏法を勉強しても仏法は永遠に届きません。「遠い」「近い」は私たちの態度が決めるのです。ですから、今あげた二つの経典の文章が語っていることは、決して矛盾していないのです。

その旅人も、最初は東に向かっていたときには、内省も浄土も、そんなものは何もなかった。ところが方向を逆にしたら、西の方に何かあるということが多少わかってきた。そして、西に向かって行って問題意識がはっきりしてきたら、その目的が遠くはないということがわかった。そのことを「向こう岸までは近い」と言っているのです。

四　「三定死」——貪・瞋等の煩悩を除く「行」における挫折

口語訳の次の所を読みます。

「〈その旅人はさらに次のように思いました。〉

〈今日、必ず死ぬにちがいない。今来た道を戻ろうとしたら、群賊や悪獣が次々に襲ってくるだろう。また南か北へ逃げ走ったら、悪獣や毒虫が争うようにして私に向かってくるだろう。また西に向かって道に従って進んで行ったら、多分水・火の二河の中に落ちるであろう。〉

このときの旅人の恐怖は言語に絶するものでした。そこで、彼は次のように考えました。

〈私は今戻っても死ぬだろう。ここにとどまっても死ぬだろう。前に進んで行っても死ぬだろう。どのようにしても死をのがれることができない……〉」

これが「戻るも死」「とどまるも死」「行くも死」という有名な「三定死《さんじょうし》」と言われているところです。「二河譬」の中で非常に重要なところです。これはたいへんな危機なのです。

この危機は、どういう危機かと言いますと、宗教の「行《ぎょう》」における危機ということです。「白道」を信じて歩み出したけれども、それが信じられなくなってきたということです。自分の中に微《かす》かではあるが清らかなものがあり、それをどんどん増強拡大していったら自分の中から不純な煩悩を除けると思っていた。しかし、自分の内省が深まってきたら、自分の煩悩が決して考えたほど浅いものではないということがわかってきたのです。

私たちが仏教を学び始めるとき、私たちは煩悩を修行によってなくすことだと考えるのです。この旅人も、そのような常識的な倫理的な仏教観をもって歩み出したのですけれども、それではもう進めなくなったということです。最初は行をしたら煩悩は除けると思って始めたけれども、それではどうにも除けないということがわかってきたということです。

それはどうしてなのかということですが、私たちが煩悩を除くと言ったとき、「貪・瞋」というような除く対象としての煩悩はよくわかるのです。しかし、それを除こうとしている、その私そのものが煩悩だということがわからないのです。これが「宗教我執《しゅうきょうがしゅう》」です。宗教的利己心（エゴ）が煩悩なのです。

前者の「貪・瞋」という、私が除きたいと思っている対象としての煩悩は「世間我執《せけんがしゅう》」です。世間我執は、例えばお金持ちになりたいとか、高い地位を得たいとかいう、世間の我執ですからわかりやすいのです。そこで、私たちはそのような「世間我執」を否定して、宗教の世界へ入って修行して救われようとする。釈尊も親鸞聖人も初めはそういう煩悩を除こうとする「宗教我」を頼りにして解脱したいとか仏になりたいと思って、それこそ命懸けの修行をしたのです。ところが、自分が清らかな善なるものと思っていたその「宗教」を求める我が、清らかなものでも善なるものでもないということがわかったのです。自分の名利心のような「世間我執」を知ることは、ある意味では簡単にできることなのです。ところが、私たちが善いものだと思っている私たちの「宗教心」の中に「宗教我執」というものがあることはなかなかわからないのです。「世間我」が悪いと言って、これを「宗教我」で切ろうとしますが、それが曲者《くせもの》なんです。

自分が他人《ひと》より先に仏になりたいとか、悟りを得たいとか、浄土へ行きたいとか、他人よりも精神的にすぐれた人間になりたいとかというのは、要するに自分が可愛いのです。「我執」なのです。仏になりたいとか悟りを得たいとかいうのは、宗教的なことで、世間の欲望ではありませんから、素晴らしいことのようですが、腹の底では私が幸せになりたいということであって、欲ということでは世間の欲と変わりありません。むしろ「世間我執」の方が可愛いですね。「俺は社長になりたい」とか、「勲章を貰いたい」とか、可愛いじゃないですか。しかし、「宗教我執」の方は恐ろしいですね。宗教に名を借りて、いかにも宗教家ぶっていますが、やはりそれも我執だからです。

内省して「世間我執」を知ることも大事ですが、もっと大切なことは「行《ぎょう》」の中にあるそのような「宗教我執」というものを発見しなかったら、仏教とは言えません。釈尊も六年間苦行をしましたが、それがわかったので苦行を棄てたのです。それが、仏教が仏教になったということです。ただ「世間我執」から「宗教我執」へ移ったというのでは、仏教ではありません。仏教が仏教であるゆえんは、この宗教の我執を発見したということです。それだけ内省が深まったということです。

大抵の人は、自分は世間我を棄てて宗教家になったとか、聖なるものを求めて生きているとか、宗教的な我《われ》を持っていると考えています。人間が宗教の土台として当たり前だと思っている、そういう考えを釈尊は疑ったのです。親鸞聖人の教えでも一番大事なところはそこなのです。

親鸞聖人は比叡山で二十年間修行したのですが、当時の仏教は人間の中に清らかな心があるから、それを育てて煩悩をなくしていったら仏に成れると教えたのです。親鸞聖人もその教えにしたがって修行をしていました。しかし、果たして自分が行をしている主体の中に煩悩がないのかということを疑って内省したとき、そこに「宗教我執」を発見したのです。煩悩を除いて清らかになろうと修行していたけれども、煩悩を除こうと願う心の中に「我執」があって、清らかでなかった。それに気づいたら、もう前に進めません。自分の中に何か清らかなものがあると考え、それを信じて修行して行ったら仏に成れると考えていたけれども、そういう自己を深く内省して行ったら、その考えそのものが「宗教我執」であることに気づいたのです。私が煩悩をなくして仏に成るという、その「私」が内省の対象にならなかったら、本当の仏教にはならないのです。他のどんな宗教でも、それが本当に真の宗教であるかどうかは、この一点にあるのです。ここが最も大事なところです。

それこそ背水の陣で、命懸けで修行してきたのに、そこでもう絶体絶命の鉄壁に直面したような行き詰まりに突き当ったのです。人によったら、その絶望感で自殺するかもしれません。あるいは発狂するかもしれません。命懸けで修行してきたのに、そこで駄目になったらもう死ぬ以外にないでしょう。この行者である旅人もそういうところまで行っているのです。「三定死」というのはそういうことを意味するのです。

五　「既にこの道あり」――決定的な救いの転換点

ところが、そこまで行ったときに、道が開けるのです。ですから、この「三定死」のこがこの譬喩の中の一番大事なポイントになるのです。この段階に来たときに、この旅人はハッと気づくのです。これが次の文に書いてあることです。これが非常に大事なことなのです。そこを読みます。

「〈どのようにしても死をのがれることはできない。ならば、私はこの道に従って前に向かって行こう。既にこの道がある。必ず向こう岸へ渡れるにちがいない〉」。

これが決定的瞬間です。この旅人がここでこういう自覚を持つかどうかということが、この旅人が救われるかどうかという決定的なポイントになるのです。それは私たちにとっても同じことで、私たちが同じような危機を体験したときに、この自覚が生じるかどうかということが決定的なことです。親鸞聖人が「信の一念」と言われる一番大切なポイントが、この一瞬の自覚なのです。「道」の発見ということです。

ともかく、この危機から救われる瞬間というのは、その「既にこの道あり」という一瞬の閃《ひらめ》きです。どうしてこの旅人がその閃きを体験できるようになったのかということはわかりません。善導大師も説明しておりません。しかし、敢えて言いますと、そこに「宿《しゅく》善《ぜん》」があったに違いありません。こういうことは具体的には説明できませんけれども、その旅人が教えの伝統に遇っていたから、そうなったということでしょう。

親鸞聖人も七高僧《しちこうそう》ということを言われますが、その教えの伝統に遇って、信心をいただいたのです。七高僧に遇ったということは、釈尊に遇ったということです。歴史上には、今のような交通の便のない、しかも危険なシルクロードなどを、それこそ命懸けで何年もかけて教えを伝えてくださった方々がいたのです。それは、彼らが仏法に触れ、感動し、目覚め、喜びをいただいたからでしょう。仏法をなんとかして人々に伝えたいと思ったからでしょう。そのような人たちがいたので、私たちはこの教えに出遇えるのです。私たちが本当に苦しみの只中にいるときに、その私たちを救ってくださるものに出遇えるということはたいへん有り難いことです。この旅人は切羽詰まったとき、「既にこの道がある」、「教え」がある、「ただ聞きさえすればよいのだ」と、その教えの存在に目覚めたのです。「あぁ、そうであったか」という、絶望からの再生の喜びの瞬間です。自分の努力で行くのではない。頭を下げて謙虚に聞いていったら、「教え」が私を向こう岸へ引っ張って行ってくれるのだ。私の歩みが私を救うのではなくて、「道」があるから、「教え」があるから私は救われるのだ。こういう転換です。

これは一見すると、瞬間的な微《かす》かな転換のようですが、しかし私たちがこの微かな転換を体験できるかどうかが、私たちの一生が無駄になるかならないかの重大な決定的なことがらなのです。前にもお話ししましたが、「空過」の人生になるかどうかです。「既にこの道あり」というこの一言には、そういう重大な意味があるのです。

私たちは自分の分別心にもとづく考えとか思いに自信がありますから、それが全く駄目になるという、この旅人のような体験をしないと、自分の分別心の限界がわからないのです。本当の仏法というのは、私たちの分別心が理解できるものではないのです。私たちはいつも分別心で仏教を理解しようとして、「仏教はよい教えだ、善人になる教えだ、清らかな人になる教えだ」というように考えるのです。しかし、真の仏教は分別心の限界を知らしめ、それを否定する教えです。その分別心を否定するために仏教はあるのです。それが本当の仏教です。

ところが、その自分の分別心を否定しようと私たちに迫ってくる仏教を、私たちは自分の分別心で理解してしまうのです。その教えを自分に合わせて、その自分の都合のよいものに勝手に変えてしまうのです。そして「仏教はよい教えだ」と言っているのです。分別心で自分の考えでわかろうとするのは、自力でこちらからの道を延ばして彼岸へ行こうとすることなのです。それが自力の行で駄目だとわかったとき、すべての自分の努力が全く駄目だと絶望したとき、「アッ、既に道があったんだ」と、向こうから道が来ていたことに目覚めるのです。わかるとかわからないとかいうことはどうでもよいのです。ただ聞いて行くだけでよいのです。聞いて行くだけで、鮭が煙で燻製にされておいしいスモークサーモンになるように、その分別心が否定されて行くのです。

六　「思聞」から「聞思」へ

しかし、この旅人はそこに道があることは前もって知っていたはずではないか、という疑問があると思います。けれども、その旅人がこの転換を体験する前に、そこに見ていた道は、自分が自分の能力で歩いて行くべき道だったのです。だから関心の中心は「果たしてどのようにこの道を歩いて行ったら渡れるであろうか」ということだったのです。自分が道を考えていたのです。道から自分を考えていなかった。自分が考えることに自信があったのです。考えることによって何とか問題を解決していこうとしていた。自分の考えが中心だったのです。考えたら「戻るか、とどまるか、行くか」の三つしかないのです。しかし、「どう考えても駄目だ、死ぬ」となって考えが詰まって、考えることが頼りにできなくなったのです。考えることが空しくなったのです。考えが廃《すた》ってしまったのです。そのとき、初めて「アッ、道があるのだ」と道を見出したのです。驚きなのです。「既にこの道がある」と。眼の前に道が厳然と現れたのです。

この「既に」という言葉が大事です。既に道はあるのです。私が考えたからあるのではないのです。考える前から既に道はあったのです。それに気づいたのです。ですから、「必ず向こう岸へ渡れるにちがいない」となったのです。自分の考えが廃ってしまったとき、「アッ、道があったのだ。道があるなら、その道が私を向こう岸へ連れて行ってくれるに違いない」と、自分の考えと道が主客転倒したのです。自分が道を考えることから、道が自分に考えさせることになったのです。これが「聞思《もんし》」ということです。

この旅人がこの転換を体験する前は「思聞」だったのです。自分の考えで道を聞いていたのです。確かに道を見ていたのですが、自分の考えで見ていたのです。自分の分別心で見ていたのです。二元分別の相対的見方で見ていた見方が役に立たなくなって絶望したのです。自分で摑もうとすることの空しさがわかったのです。そこで、聞くしかないというところに落着したのです。聞ける人間になるということが救いであって、それ以外に救いはないのです。「聞くのみ」なのです。聞ける人間になるという、この転換が大事なのです。

それまでは、「自分」が中心で、自分をよしとし、自分の物差しに合っているから、よい教え・よい師だと思っていたのが、逆転して、教え・師の前に頭を下げ、私見を交えず、ただ聞いていける人間になったということです。それが「思聞」から「聞思」に転換したということです。

七　「東岸の人」と「西岸の人」

二つの道――東岸からの道と西岸からの道

仏教で「道」と言った場合、二つの道があるのです。それは東岸から西岸へ出ている道と、西岸から東岸へ来ている道です。東岸からの道はこちらの娑婆の心から延ばしていった道で、常識的な道です。この旅人は、初めその道を行こうとした。つまり、自分で考えた道、二元分別の道です。こちらから自分で延ばした道を行こうとしたわけです。そうしたら行き詰まってしまった。仏教における危機、すなわち「宗教我執」に突き当たってしまったのです。「三定死」の絶望に陥って、こちらからの自分の分別の考えが廃《すた》ったのです。そのとき、初めて一閃の目覚めを体験して「アッ、既に道があったのだ」と向こう岸から来ている道を発見したのです。「白道」は、本当は一つの道なのですが、私たちが「思聞」か「聞思」かのどちらを取るかによって、全く異なった二つの道になってしまうのです。

　ともかく、この「既にこの道がある。必ず向こう岸に渡れるであろう」という自覚が非常に大切です。「道」ということは「教え」ということですから、「既に道があった」ということは、既に教えがあったということです。この道に従って行こうと思ったということは、この教えを聞いて行こうという決断です。その道が向こう岸から来ていたと気づいたということは、教えが仏の側から私たちの方へ来ていたということに気づいたということです。私たちが徳を積んでなんとかこちらから自分で道を作って、それを延長して浄土へ行こうというようなことではないということです。その自力の行が行き詰まったとき、はじめて向こう岸から来ている道に気づいて、「アッ、道があったのだ。この教えを聞いて行くだけで向こう岸へ行けるのだ」となったのです。それが東岸からの自力の道が廃《すた》って西岸からの他力の道に帰したということです。

二尊教――「人に依らず法に依れ」

次の所へ進みます。

「旅人がそう思ったとき、たちまち東の岸から「人」が勧める声が聞こえてきました。」

旅人がその心の転換を体験すると同時に、東岸から人の勧める声が聞こえて来たのです。

その声は言います。

「君よ、ただ決心してその道に従って進んで行け。死ぬ危険は絶対にない。もしそこにとどまったら死ぬであろう。」

と。自力分別の心が破られて、素直に聞いて行こうと決断したとき、この声が自ずと聞こえて来たのです。

「そのとき、西の岸にも「人」がいて、その人の喚《よ》ぶ声がしました。「お前、一心に私に向かって直ちに来なさい。私がお前を護ってあげよう。水・火の危険に落ちることを恐れることはないのだ。」」

と。これについて善導大師の解説を見ましょう。

「東の岸から人が〈行け〉と勧める声を聞いて、道に従って直ちに西に進むというのは、釈尊がすでに入滅されて以来、誰も釈尊にお遇いした人はいないけれども、釈尊の教法は今もなお存在していて、人はそれを求めることはできるということを喩えています。」

ですから、善導大師は、東岸の声は釈尊の教えだと言われるのです。そして次に、

「西の岸の上に人がいて旅人に喚《よ》びかけるというのは、すなわち阿弥陀仏の本願にこめられたお心を喩えています。」

とあります。ですから、西岸の声は阿弥陀仏の喚びかけの声ということです。浄土教の伝

統において「弥陀・釈迦」を「二尊《にそん》」と言い、その教えを「二尊教《にそんきょう》」と言います。私たちの歴史上の先生方の教えの声は、私たちの外から聞こえて来るのです。釈尊の勧める声が東の岸から聞こえて来るというのは、そういう意味です。釈尊が「行きなさい」というのは、「内省して心の中の本当の願いの声を聞きなさい」と言っているのです。仏教は内省の教えだと最初に申し上げたのはこのことです。釈尊が「西へ行きなさい」と言うのはそういうことなのです。

そうすると、阿弥陀仏の声が私たちの中から聞こえて来るのです。それが西の方から阿弥陀仏の喚び声が聞こえて来るということです。ですから、阿弥陀仏の喚び声は、私たちの外から聞こえて来る声ではないのです。私たちの心の中から聞こえてくるのです。

阿弥陀仏という方が西におられて私たちを救ってくださるなどというのは偶像崇拝です。そんなものは仏教ではありません。「西」というのは私たちの心の中を象徴しているのです。「阿弥陀仏」というのは私たちの心の奥深くから呼びかけて来るものですが、その声は耳には聞こえないのです。声なき声です。西田幾多郎博士は「キリスト教の神は超越的内在であるが、仏教の仏は内在的超越である」と言われ、「絶対者に触れてゆく方向が相反する」と指摘されました。仏教は、私たちの中に超えるのです。私たちを救うものは私たちの中にあるのです。一言で言えば、「阿弥陀仏」というのは「真の自己」です。この譬喩はそれを教えているのです。それは仏教の原則です。ただ、「阿弥陀仏」は二元分別思考の私たちにはわからないので、このように私たちにわかりやすいように譬喩をもって教えてくださっているのです。

「二尊教」というのは、たいへん大事なことですので、それについて少しお話します。前述しましたように、この旅人が向こう岸から来ている「道」に目覚めたとき、すぐに釈尊の「行け」という声と阿弥陀仏の「来たれ」という二尊の声が聞こえて来たのですが、初めに釈尊の声が聞こえ、次に阿弥陀仏の声が聞こえたという、この順序が大切なのです。阿弥陀仏が先に喚《よ》ぶということはないのです。先ず釈尊の声を私たちは聞くのです。そして、その釈尊の声の中に同時に阿弥陀仏の声を聞くのです。それは同時なのです。

それでは、なぜ釈尊の喚び声の方が先に書いてあるのかと言いますと、文章で書くときには必ず順序があるからです。体験上では前後はないのです。同時です。東岸の釈尊の「行け」というのを「発遣《はっけん》」と言います。送り出すという意味です。背中を押して「君、行け」と言って、押し出してくださるのです。そして阿弥陀仏の「汝《なんじ》、来たれ」というのを「招喚《しょうかん》」と言います。これは「招き喚ぶ」ということです。この二尊の喚びかけは全く同じことなのです。ただ違うのは、釈尊は歴史上の人間なのです。ですから、釈尊の「行け」という喚びかけは「教言《きょうごん》」と言います。教えの言葉です。阿弥陀仏の「来たれ」という喚びかけは「声なき声」を象徴しているのです。「阿弥陀仏」というのは究極の真理を表現しているのです。「無常」の真理です。一なる「永遠のいのち」です。その阿弥陀仏が「来たれ」と喚びかけているのです。すなわち「お前、目覚めなさい。お前は勝手な固定した世界を作って、そこで生死流転の空しい人生を送っている。しかし、本当の世界は大いなる「いのち」の世界で、お前も本来その世界に属しているのだ。大いなる「いのち」に目覚めなさい。私の世界に帰って来なさい」と「声なき声」で喚びかけているのです。

ところが、私たちにはそれが「声なき声」なので聞こえないのです。「声ある声」を通さなかったら、それは私たちには聞こえないのです。その声なき声を聞かしめる「声ある声」が、釈尊の言葉なのです。釈尊はその阿弥陀仏の「声なき声」を言葉にして、私たちに「君は、迷った世界を勝手に作って、それが本当の世界だと思っている。その吹けば飛ぶような泡みたいな世界にしがみ付いているけれど、それは大きな間違いだ。そんな愚かな自分に気づいて、早く本当の世界に生まれなさい」と言っているのです。

阿弥陀仏の声はいつでもどこにでもあるのですが、「声なき声」なので聞こえないのです。ですから、私たちは最初に釈尊の声を聞かなければいけないのです。私たちはその中に真理の声を聞かなければいけないのです。それが「教法」です。東岸に釈尊の声が聞こえたというのはそういう意味です。真理そのものの「法」は「いのち」そのものと言ってもいいのですが、私たちはそこへ行かなければいけないのです。しかし、「法」がなかなかわからないので、「法」と一つになった歴史上の先人の言葉を通して、「声」となった「教法」によって、私たちは「法」の世界がどういう世界かわかるのです。阿弥陀仏の声は「いのち」の声ですから、私たちの存在の一番深い所から出て来る声なのです。しかし、それがなかなか聞こえません。

私たちは、欲の願いはすぐわかるのです。しかし、自分の本当の「いのち」の願いは、なかなかわからないのです。「本願」というのはわからないのです。本当に人生を全うしたいとか、「いのち」と一つになりたいとか、そういう願いは私たちにはわからないのです。しかし、仏教は私たちの欲の願いの奥にある本当の願いに目覚めることを教えているのです。表面的な欲の願いの満足だけでは、人間は本当には満足できないのです。なぜなら、それが私たちの本当の願いではないからです。

ですから、私たちは釈尊の「お前の本当の願いはこれなのだ」という声を聞いて、「あぁ、そういうものが私の中にあったのか」とわかってくるのです。釈尊の声を聞く中に、「声なき声」を聞くのです。それがこの「二尊教」の意味です。普通「二尊教」は浄土教に独特のものと考えられていますが、そうではありません。仏教そのものが「二尊教」なのです。

どうしてそういうことが言えるのか、説明します。有名な話ですが、釈尊の亡くなる直前の説法があるのです。釈尊は「人に依らず、法に依れ」ということを教えられたのです。釈尊の常随の弟子で阿難という人がおりました。彼は釈尊の従弟で、いつも釈尊に付き添っていました。たいへん記憶力が良かったので、経典結集のときは阿難の記憶をもとに結集がなされたと言われています。阿難から見たら釈尊は天才で英雄です。ですから、阿難は釈尊を心から尊敬しておりました。ある意味では釈尊の人格を崇拝しているような面があったかもしれません。

釈尊がまさに亡くなろうとしているとき、阿難は「私の拠りどころの釈尊が亡くなってしまう。私はどうしたらよいだろう……」と泣いていたのです。そうすると釈尊は「お前の考えは間違っている。お前は私という人間に頼っているけれども、私を頼りにしてはいけない。私は人を救う存在ではない。私は法によって救われた人間なのだ。お前も法によって救われるのだ。法は私が生まれる前にも、私の生きている間も、私が死んだ後にもある。法はいつでもどこにもある。この法によって私たちは救われるのだ。私もこれに目覚めて救われたのだ。人によって救われたのではないのだ」と言ったのです。「人に依ってはいけない。法に依りなさい」というのが仏教の原則です。

東岸の釈尊は「人」です。そして西岸の阿弥陀仏は「法」なのです。釈尊も七高僧も親鸞聖人も、あるいは近代・現代の先生方もみな「人」です。そういう人たちがおられなかったら、私たちは「法」に接することはできません。「法」を伝えてくださった方たちなので、非常に有り難いのです。しかし、彼らすべては「法」を作った方ではありません。釈尊も七高僧もみな「法」をいただいて、それを伝えた方たちなのです。

ですから、それらの人たちはパイプのようなものです。そのパイプに関して、二つのことがらがあります。それらは、パイプそのものと、その中を流れている水です。私たちが「人」に依ってはいけないと言うのは、その外側のパイプに依って救われると考えてはいけないということです。「法に依れ」ということは、「そのパイプの中に流れている水に依れ、水によって救われると考えよ」ということです。私たちの渇きを癒すのはパイプではなく水だからです。七高僧も他の先生方も、みなこの同じ「法」をいただいて救われ、その「法」を後世に伝えているのです。ですから、「善知識《ぜんちしき》」には「人」の部分と「法」の部分があるのです。パイプの部分と水の部分があるのです。ですから、釈尊は「パイプではなくて、水をいただきなさい」と言われたのです。

ところが、私たちは人間ですから、すぐ人間に執着するのです。他の宗教や宗派ではここがはっきりしていないので、「人」が救うようになってしまうのです。「人」が救うということは仏教にはないのです。ですから「二尊教」ということは、非常に大事なことなのです。

　釈尊は私たちと同じこちらの世界に生まれた「人」で、「法」に救われた人です。ですから「あちらの法の世界へ行きなさい。あちらの阿弥陀仏の声を聞きなさい」と言うのです。そうすると、多くの人たちはまた阿弥陀仏を偶像視して、阿弥陀仏が外から私たち人間を救ってくれる救済者であると誤解してしまうのです。

　阿弥陀仏は「法」あるいは「いのち」を意味するのですが、その最も深い意味は「真の私」ということなのです。「本願」は人生成就への深い願いです。本願は外から来るものではありません。本願は意識の底に隠れている深い深い本来の「いのち」の願いです。「これに目覚めよ」というのです。この本願の喚《よ》び声を聞くのです。この本願が「我に来たれ」と喚んでいるのです。「いのちがいのちになれ」と喚んでいるのです。阿弥陀仏は「無限のいのち」ということです。その象徴です。そういう人、つまり救済者がいるということではありません。

　親鸞聖人は「智慧」が「仏」であると言われます。智慧を如来と呼ぶのです。私たちは誤解して、如来を智慧だと考えるけれども、親鸞聖人は逆で、智慧が私たちを救うので、智慧が大事だから、それを仮《かり》に「如来」と呼ぶのだ、と言われるのです。仏教は全部智慧の教えです。「阿弥陀」という言葉は「無限の光」、「無限の智慧」を意味するように、智慧を表現しているのです。

ですから、浄土真宗では「木像よりはえぞう、絵像よりは名号」(『真宗聖典』八六八頁)と言うのです。言葉が大事なのです。言葉が私たちを救うのです。なぜなら、言葉には意味があるからです。それで「南無阿弥陀仏」の意味、「おいわれ」は何かと言うと、親鸞聖人は「無限の智慧」だと言うのです。人間の勝手な「分別知」ではなく、「無分別の智慧」が私たちを救うのです。

ここで注意しなければいけないことがあります。それは「二尊教」には二つの危険があるということです。その一つの危険は、善知識という「人」がいなければ私たちは救われませんが、その歴史上の「人」を偶像視するということです。この歴史上の「人」が私たちを救ってくれると考える場合がありますね。現実にそういう人格崇拝による悲劇的事件の例が今までにたくさんあり、そのために亡くなった人もおります。歴史上の「人」を救い主と考えることは非常に危険です。「人に依るな」ということです。本当の仏教にはそういうことは絶対にありません。釈尊にも依ってはいけない。歴史上の「人」には依ってはいけない。「法」に依って救われるのです。

そうすると、それでは阿弥陀仏だけでいいのだと思うかもしれませんが、それがもう一つの危険なのです。私たちは阿弥陀仏に直接面接することはできないのです。ところが、自分は直接阿弥陀仏にお会いしたと言う人がいるのです。「私は昨夜、夢を見た。阿弥陀さんの声が聞こえてきて、私は救われて涙が出ました」とか言って信仰告白をする人がいるのです。善知識を通さないで、歴史的な教言《きょうごん》を通さないで、阿弥陀仏の声を直接聞いたら、これは主観主義です。神秘主義です。客観性がないのです。独り決めなのです。これがもう一つの危険です。

ですから、親鸞聖人はこれを非常に警戒されるのです。「第十七願成就」と言いますが、歴史上の諸仏である七高僧の言葉を聞くことが信心なのだと聖人は言われるのです。私たちは阿弥陀仏のところへは直接行けないのです。善知識の教えをいただかないで、「白道」を通らないで、西に行くということはあり得ないことです。ですから、親鸞聖人は「正信偈」の最後で「唯可信斯高僧説」（ただこの高僧の説を信ずべし）と言います。（『真宗聖典』二〇八頁）聖人は『教行信証』「行巻」の最後にこの「正信偈」を書いて、七高僧を讃えておられるのです。「唯可信」というのは、七高僧の言葉を「聞くのみ」ということです。それが信心だと言うのです。歴史上の先人の言葉を聞いたら、そこに阿弥陀仏の声が聞こえて来るのです。

親鸞聖人はこの第十七願を「諸仏称名の願」と言って、非常に大切にされています。

「聞其名号」です。歴史上の善知識が称えている名号（南無阿弥陀仏）を聞くのです。南無阿弥陀仏というのは善知識が仏を讃えている言葉です。これを「諸仏称名」と言うのです。この善知識が称えている名号、あるいは教言を聞くことによって、私たちは信心をいただくのです。私たちは諸仏善知識の同じ言葉を聞いて同じ信心を得るのです。みんな同じ言葉（南無阿弥陀仏）を聞くから同じ信心（南無阿弥陀仏）をいただくのです。客観性があります。

「信心」というのは個人体験を超えているのです。個人体験を尺度にしたら、勝手な信心ができてしまいます。本当の真理というのは、善知識の言葉を通して到達できるのです。ですから、この「二尊教」というのは非常に大事なのです。しかし、そこに危険もあるのです。

今、言いましたように、人に執着する危険と、また人を介せず阿弥陀仏に直接執着する危険です。親鸞聖人は念仏を称える行によって救われるとは言われません。称えるのは縁で、因ではないのです。縁ですから、誰が称えてもいいのです。他人《ひと》が称えて自分が称えてもいいのです。しかし、称えたから救われるのではありません。決定的なポイントは、聞いて救われるのです。名号の意味、「おいわれ」を聞いて救われるのです。深い意味を聞くのです。「我に来たれ、智慧に来たれ、いのちに来たれ」という、その喚び声を聞くのです。それを聞くことが因なのです。聞くことによって救われるというのが浄土真宗です。称えることには必ずしも聞くということがあるとは限りません。

ですから、親鸞聖人は「真実の信心は必ず名号を具す。名号は必ずしも願力の信心を具せざるなり」（『真宗聖典』二三六頁）と言っています。「聞いて頷いた人、信心を得た人には必ず念仏があるけれども、念仏を称えたからといって必ずしも信心があるとは限らない」と。念仏の意味を聞かなければいけない、と言われるのです。深い意味があるのです。智慧をいただくのです。「智慧の念仏」なのです。無限の光、無限の智慧をいただいたときに、私たちの分別の知恵が「あぁ私は愚かであった」と破られるのです。

しかし、ここで大切なことは、私たちが善知識という人にとどまっていたら、善知識は嘆くということです。私たちが善知識を超えて、善知識が見ているものを私たちにも見てほしいというのが善知識の願いだからです。釈尊が阿難に対して言ったように、また僕の善知識の毎田先生も「私を見てはいけない、法を見なさい」と言います。「外側のパイプを見てはいけない。私がいただいたこの水を見なさい。この水を飲みなさい」というのが善知識の願いです。釈尊は天才であったから救われたのではないのです。「釈尊や親鸞聖人は私と違う特別な人だ」などと言ったら、釈尊や親鸞聖人は嘆きます。私たちと同じ普通の人間として救われたから、私たちも救われ得るのです。

「教え」が「声」になる

言葉が「声」になるということが大事なことです。「道」というのは「教言《きょうごん》」です。この旅人が本当に真剣に道を尋ねようとしたときに、言葉が声になったのです。「東岸と西岸から声が聞こえる」と善導大師が言われることは、非常に大事なことです。私たちが興味半分とか趣味で、あるいは教養として、仏教を学んでも「声」にはなりません。言葉を単なる概念として聞いていても、その言葉は声にはなりません。しかし、切羽詰まってその言葉を聞くと、その言葉は「声」になるのです。それも多くの声は必要ありません。一声でよいのです。人間が救われるというのは決定的な一声を聞くときです。ここは大事なことです。この旅人にとって教えの言葉が声になっているのです。「行け」と「来たれ」という声になっているのです。言葉が声になるということは、たとえば本当に真剣になってきたら、私たちが本を読んでいても、その本の言葉が声となって聞こえて来るのです。その著者の語りかける声として聞こえて来るのです。呼び声として聞こえて来るのです。そうなって初めて、私たちは本当に仏法を学んでいることになるのです。

ところが、往々にして私たちは言葉を頭で概念として読んでしまうのです。概念をいじくっていては、いつまでたっても道を本当に歩めないし、たすかりません。問題意識を持って読んでいるかどうかです。真剣に聞いているかどうかです。問題意識を持って真剣に学んでいる人には、すべての言葉は声となって聞こえて来るのです。ですから、ここで「教え」が「声」になるということが大事なことなのです。

二つの超越――「断煩悩」と「不断煩悩」

人間の知恵は二元分別で、すべてをマイナスとプラスに分けて、プラスはよいがマイナスは駄目だと考えます。宗教の世界においても、煩悩はマイナスで駄目だから、修行によって煩悩を断って清らかな世界を実現しようと考える。これが、この旅人が初めに考えて進もうとした道です。これが「断煩悩」の考えです。

親鸞聖人も比叡山で修行して、何とか煩悩を断とうとしました。しかし、その煩悩を断ずるという思いの中に抜きがたい「宗教我執」があることを知りました。その結果、その修行に挫折し、絶望して、遂に比叡山を降りました。それが「三定死《さんじょうし》」の体験でした。親鸞聖人はそこで法然上人に遇って本願に帰したのですが、この旅人もその三定死の絶体絶命の危機に遭遇して、分別心の限界を知り、自力が廃《すた》ったときに、「既にこの道あり」と、こちらから自分が考えた道ではなく、向こうから来ている「白道」に目覚めたのです。この白道は「仏智」です。仏の智慧をいただいたのです。仏智は「転成《てんじょう》の智慧」です。マイナスを転じてプラスにするのです。親鸞聖人は「和讃」で、「転成の智慧」を次のように語ります。

「無碍光の利益より
　威徳広大の信をえて
かならず煩悩のこおりとけ
すなわち菩提のみずとなる
罪障功徳の体となる
　こおりとみずのごとくにて
こおりおおきにみずおおし
さわりおおきに徳おおし」（「高僧和讃」『真宗聖典』四九三頁）

とうたわれています。氷が多いほど、それが溶けたら水も多いのです。いかに煩悩が多くとも、それが仏智に遇ったらすべて転ぜられて、多くの徳になるのだと言われるのです。氷がなかったら水はないのです。ですから、煩悩をなくしてしまったら、人間にとって徳もないのです。私たちに煩悩があるからこそ、私たちは自分が愚かであるとか疑いの塊であるとかということが、仏智に照らされて初めて自覚され、頭が下がるのです。煩悩があるからこそ、自分が愚かであると知ることができるのです。それが、煩悩が転じて徳となるということです。それが仏の智慧のはたらきなのです。私たちは自分の本当の姿を見て、頭が下がり、精進の道にまっしぐらに進むのです。これが「白道《びゃくどう》」の意味なのです。

ですから、煩悩をなくすとか断つのではなく、「煩悩を断たずして涅槃を得る」ということで、これを「不断煩悩得涅槃」と言います。煩悩を断たず、煩悩から学んで仏になる、ということです。私たちが人生で一番嫌だと思う煩悩が大切なものになってくるのです。例えて言えば、煩悩は原油とか排泄物のようなものです。原油はべたべたして臭い嫌なものですが、火が付いたら大きなエネルギーになります。排泄物も見た目も悪い、臭いものですが、大地に撒《ま》かれれば、野菜を育てる肥料になります。「仏智」をいただいたら、もはや「宗教的」だとか「世俗的」だなどという二元分別による区別が問題とならなくなるのです。普通に凡夫として生きている生活の中の日常茶飯事が、すべて私たちを育てるものになるのです。夫婦喧嘩も親子喧嘩もです。そのようなことが「南無阿弥陀仏」という一つの言葉の中にこめられてあるのです。

親鸞聖人は「智慧の念仏」と言われます。南無阿弥陀仏というのは「仏の智慧に来たれ」という意味なのです。「無限の光、無限の智慧」というのが「阿弥陀」の意味です。念仏を称える音声が大事なのではありません。念仏の意味を聞くのです。聞思するのです。それだけで私たちの煩悩の意味が、知らず知らず変わってくるのです。仏智に遇って「不断煩悩得涅槃」が実現するのです。阿弥陀が「我に来たれ」ということは「仏の智慧に来たれ」ということです。この仏の一声《ひとこえ》に遇うということが大事なのです。

八　「群賊」の喚び返す声――行者の「白道」への疑い

続きを読みます。

「そこでこの旅人は、東岸からの「行け」という声と、西岸から「来い」という声を聞いて、それらの声を全身で受け止め、決心して、ただちにその白道に従って進み、少しも疑いも臆する心も起こしませんでした。

しかし、その白道を一歩二歩と進んだところで、東岸の群賊たちが喚《よ》びかけて来たのでした。

「あなた、こちらへ戻って来なさい。この道は歩行困難で、向こう岸に行くことはできないよ。必ず河に落ちて死んでしまうよ。私たちは誰も悪意をもってあなたに向かっているのではないんだよ。」」

この段落の前半を読みますと、旅人はまっしぐらに彼岸へ進んでいるように書いてあります。しかし後半を読みますと、まだ群賊たちが執拗に声をかけていることがわかります。これはどういうことかと言いますと、旅人の疑う心はなかなか深いということです。もうすでに釈尊や阿弥陀仏の声を聞いているのですから、少しも疑いをもたず、まっしぐらに向こう岸へ行っていいはずなのに、まだ「群賊」の声が聞こえて来るというのです。

この白道上の旅人に呼びかける「群賊」について親鸞聖人は「異学異見の人」とか「別解別行《べつげべつぎょう》の人である」と言われます。いわゆる外道の人と仏教内での異なった見解を持つ人を喩えていると言われます。白道に入る前に出会った「群賊悪獣《ぐんぞくあくじゅう》」は世間の人たちを喩えています。しかし、白道を一歩、二歩と進んだときに聞こえて来た、その「群賊」の声というのは宗教家の声のことです。みなさん、二河白道の絵を見たことがあると思います。その絵には、東岸に刀や槍を持った人々や虎や蛇の他に、僧侶たちが描かれております。彼らがここでの「群賊」を表しています。この僧侶たちは「お前さん、聴聞だけの道で充分だと思っているだろうけれども、そうではないのだ。そんなことをやめて、我々と一緒に様々な行をした方がよいぞ。ここに仲間が大勢いるから一緒にやろう。こっちに戻って来なさい」と言うのです。その旅人にこの声が聞こえたということは、その旅人の中に、「白道」を進みながらも、白道に対して、かすかではあるけれど、まだ疑いの心があるということを表しています。白道を歩むことを決心したのだから、旅人は全く疑いがなくなって、その一道をまっしぐらに行くかと思ったら、そうではありません。

親鸞聖人はこの白道の長さが「百歩」というのは、私たちの寿命の長さを表していると言われます。私たちは生きている限り、「貪・瞋」の煩悩を除くことはできません。ですから、水の河と火の河は常に白道に付き添うのです。迷いや疑いの心も、その「百歩」である私たちの一生に付き添うのです。疑うということは、何かネガティブな、消極的な感じがするものですが、しかし、この疑いを持つということは、非常に大事なことなのです。先ほど、「貪・瞋」の煩悩が転じて功徳になるということをお話ししましたが、疑いの煩悩に関しても同じことが言えるのです。疑いは功徳に転じ得るのです。自分が疑いの塊だと知ることは、きわめて積極的な力強いことなのです。疑いが求道心のもとになるのです。

ですから、この群賊の呼び声に象徴されるこの旅人の中の疑いの心は、「お前、そんな方へ行かないで、こっちへ帰ってきなさい」と引っ張り返そうとしているのですが、しかし、むしろその引っ張り返そうとする力が、かえってこの旅人を西の方へ進ませてくれるのです。疑いが尋ねる疑問の心となり、それがやがて求道心となるのです。疑いの心がかえって前進させる力の原動力になってくるのです。

九　浄土の幸せ——友をもてること

続きを読みます。

「この旅人はその群賊の喚ぶ声を聞いたけれども、少しも戻る気持ちは起こしませんでした。一心に真っ直ぐにその白道を念じて進み、すぐに西の岸に到って、すべてのさまざまな苦悩を離れることができたのです。善い友と出遇い、喜びはかぎりがありませんでした。これが喩えです。」

ここで譬喩は終わります。ここまで旅人は様々な苦労を体験して来ましたが、ようやく浄土へ辿り着いたのです。白道への疑いによって東へ戻るのではなく、その疑いがかえってこの旅人を力強く西に進ませる力となって、浄土に着かせたのです。その力は、「三定死」における「既にこの道あり」という目覚めによる転換にあり、西岸より来ている道を発見したことにあります。力の源泉は、目覚めによる転換の体験です。

前に、釈尊をはじめとする私たちの先人はみな天才ではなくて、私たちと同じ普通の人間であると言いましたけれども、この善導大師の浄土の幸せに関するお言葉を読みますと、善導という人は表現上の天才だと思いますね。浄土の幸せを表現するのに、余計なことを一切言わずに「善い友達がいる」という一言で表しています。これはたいへんなことです。浄土の幸せを定義するときに、「そこへ行ったら本当の友達に会えるのだ」とだけ言っているのです。これ以上の素晴らしい浄土の幸せの定義はありません。

前に、善導大師は東岸を定義して、「無《む》人空迥《にんくうぎょう》の沢《さわ》」、すなわち空しさと孤独の世界だと

言いました。その「無人空迥の沢」ということについて、善導大師の説明に、

「また「無人空迥の沢」というのは、つねに悪友に従って、真の善知識に遇わないことを喩えたものです。」

とあります。ここに「真の善知識」とありますのは、「真の友」ということです。ですから、東岸の世界は「真の友」のいない世界ということです。浄土の定義は「真の友のいる世界」ということなのです。浄土は「法《のり》の友」のいる世界です。

安田理深先生は「私たちは自己中心で、自分のことばかり考えていて、こんな素晴らしい僧伽《サンガ》、聞法の世界に入れるような資格を少しも持った者ではない。しかし、かたじけなくも僧伽に入れていただいている。僧伽が浄土でなくて、一体他《ほか》に浄土がありますか」と言われました。私たちにとって「真の友」に遇う、「真の友」のいる世界に生まれるということ以上の幸せはないのです。

善知識というのは、もとのサンスクリット語では「善い友」という意味です。それを「善知識」と漢訳されましたが、「善友《ぜんぬ》」とも漢訳されています。釈尊は「法を聞きて能く忘れず、見て敬い得て大きに慶べば、すなわち我が善き親友《しんぬ》なり」（『真宗聖典』五〇頁）と、「本当に仏法を聞いて信じている人は私の善き親友だ」と言われました。親鸞聖人は、自分は「弟子は一人も持たない」と言い、教えを求めて来られた方々を弟子と呼ばず、尊敬

の心をもって「御同朋御同行」と呼ばれました。『歎異抄』の著者である唯円は親鸞聖人より五十歳くらい年が下だったのですが、『歎異抄』を見ましても、聖人は唯円に対して極めて丁寧な敬語を使っておられます。

浄土経典を読むとわかるのですが、浄土は三つのもので成り立っています。すなわち、「先生」と「法の友」と「川・木・鳥等の環境」です。そして、それらのすべての人々からも、また鳥の声や川の音などからも仏法が聞けるのです。まさに「浄土」は「僧伽《サンガ》」を象徴しているのです。学べる世界、聴聞できる世界を「浄土」というイメージで表現しているのです。安田先生は「往生浄土というのは精神生活を表現しているのだ」と言われました。

以上で一応譬喩全体の解説をしました。しかし、今までの善導大師の譬喩のお話で言い忘れたことが一つありますので、それについてお話しします。それは譬喩の原文の中で、釈尊と阿弥陀仏がこの旅人に呼びかける言葉が異なっているということです。釈尊は「君(仁者《きみ》)」と呼びかけ、それに対して阿弥陀仏は「お前(汝《なんじ》)」と呼びかけています。このことについて少しお話しします。

「君(仁者)」というのは、独立者同士の間で、相手を尊敬して呼ぶときの呼び方です。それに対して「お前(汝)」というのは、きわめて親しい関係で使う呼び方です。釈尊は歴史上の人で、釈尊と私たちは独立者同士の関係です。そのような釈尊は「私は法によって救われた人間なのだ。私が救われたようにあなたも真理の世界、いのちの世界へ行って救われなさい」と語るのです。歴史上の師は絶対に「私に来い」とは言いません。「行きなさい」と言うのです。「私を救った真理、法に行きなさい」と言うのです。そのように私たちを独立者として尊敬して「君（仁者《きみ》）」と言うのです。

それに対して阿弥陀仏の方は「お前（汝）」と私たちに親しく呼びかけます。阿弥陀仏というのは私たちの心のことです。心と言いましても、私たちが普通に意識している心ではありません。私たちの表面の心は分別心です。その分別心を超えた、心の奥深いところに埋もれている「いのちの願いの心」というものがあるのです。つまり「本願」です。阿弥陀仏はその心を意味するのです。釈尊に「行け」と言われ、教えられて、少しずつそれがわかってくるのです。しかし、ふだん私たちはその本当の願いの心がわからず、欲の願いの心を自分の心だと思っているのです。そして、宗教もその欲の心で理解してしまうのです。

しかし、人間の分別心には限界があるのです。「人間の知恵」では「仏の智慧」にたどり着くことができないのです。いくら努力して人間の分別の知恵を延ばしていっても、絶対に仏の智慧の世界には行けないのです。質が違うのです。ここが大事なのです。

鮭が燻製されてスモークサーモンになるように、「教え」を聴いて行ったら、分別の知恵が破れ、「ただ聞くだけ」となるのです。教えがどんどん聞こえてきて、阿弥陀仏の声、深い本当の願いの声が聞こえてくるのです。それが「汝よ」という、「お前よ」という非常に親しい呼びかけなのです。なぜなら、それは私たちの自分の内から聞こえてくる声だからです。私たちは「いのち」ですから、深いところに埋もれている「いのちの願い」の声、無限の「いのち」の声が聞こえてくるとき、私たちは感動せざるを得ないのです。しかし、その「いのち」の声は、歴史上の師の声を聞かなかったら、聞こえてこないのです。

このように、釈尊の「君（仁者《きみ》）、行きなさい」という声を聞いて、阿弥陀仏の「汝、来たれ」という「真の自己」の声が私たちの内から聞こえてくるのです。「真の自己」というのは、教えられなかったら、私たちにはわからないのです。ですから、釈尊の「行け」という教えの声を聞くのです。聞くのを忘れて、考えたらすぐに分別心の私になってしまいます。だから「ただ聞くのみ」なのです。無意識の意識と言いますか、釈尊や善知識の教えが、それを目覚めさせてくださるのです。

以上、善導大師のこの譬喩は、真の自己を知るということがクライマックスですが、しかしそこまで行くのがたいへんなのです。世間の人たちは「そんなところへ行くな」と私たちを引き止めます。私たちの心の中にも疑いが起こります。いろいろな世間の誘惑もあります。世間への執着もあります。そして、ひとたびそれに打ち克って、自分の人生を真面目に考えて、宗教の世界に入ったとしても、分別心で宗教を考えているかぎり、そこに超えがたい厚い壁にぶつかるという試練があります。分別心で宗教を考えると行き詰まるのです。しかし、その限界に達したときが、初めて真実の教えに接する好機なのです。その教えを「聞くのみ」となって、聞いて行くうちに「アッ、そうであったか」という頷きが出て来るのです。そして、やがて大いなる法の世界に生まれることができるのです。この「二河白道の譬喩」をまとめて言うとそのようになります。

「阿弥陀仏ここを去ること遠からず」と言われてあるとおり、阿弥陀仏は決して遠くはないのです。ある意味で私たちにとって一番近いところにいるのです。近過ぎてわからないのが阿弥陀仏、すなわち真の自己であると言ってもよいのです。それに目覚めるプロセスをこの譬喩が教えているのです。

Ⅲ　親鸞聖人の「二河白道」観

これまで、「此岸（仏教以前）の危機」と「仏道における危機」ということを中心にして、善導大師の「二河白道」についてお話してまいりました。次に親鸞聖人の「二河白道」観をお話いたします。聖人は「二河白道」につきまして御著書の数か所で触れておられますので、それらの箇所を抜き書きした資料を用意しました。（一四二頁以下の資料参照）初めに『愚禿鈔』からの引文を見てください。親鸞聖人はそこに、この「二河白道」の大切なところをほとんど全部引用して解釈されておられます。しかし、善導大師の言っていることをそのまま受け入れているわけではなく、聖人独自の解釈というものが様々な箇所に見られるのです。

一　親鸞聖人の「白道」観

親鸞聖人が「白道」をどのように理解したかについて、全体的なことを先ずお話しましょう。聖人は、白道の「百歩」の長さは人間の寿命（すなわち存在の時間的側面）を象徴し、「四、五寸」の幅は人間の肉体（すなわち存在の空間的側面）を象徴していると言っています。では、「百歩」と「四、五寸」のそれぞれについて説明します。

「白道百歩」――人間の百年の寿命

聖人は、白道の長さは人間の寿命（すなわち存在の時間的側面）を象徴していると言います。しかし、善導大師は、白道の長さは「百歩」であると言いますが、「百歩」が何を象徴するかについては何も語りません。聖人は、

「百歩とは、人寿百歳に譬うるなり」（『真宗聖典』四五三頁）

と言われます。聖人はこの「百歩」で、人間の最長寿命は百歳だと言われるのです。この聖人の理解はたいへん重要だと思います。善導大師においては、旅人が白道を一歩一歩歩むことに大切な意味があるのではなく、その白道が旅人を死後の浄土へ一気に導いてくれ

るということに大きな意味があると言うのです。ところが、聖人にとっては、その「白道百歩」を一歩一歩歩むこと、すなわち人生の一年一年を力強く歩むということが、人間にとって最も大切なことであると言われるのです。このことは後で詳しくお話したいと思います。

「白道四、五寸」——人間の四大と五陰

善導大師は、白道の幅は四、五寸であると言われ，その白道とは、

「衆生の貪瞋煩悩の中に、能《よ》く清浄願往生の心を生ぜしむるに喩う」（『真宗聖典』二二〇頁）

と言われます。大師が白道を解釈するとき、それに関して否定的なことは何も言いません。しかし、親鸞聖人はこの白道に関して、肯定的な面と否定的な面の二つの面について語られます。肯定的な面は、仏の世界から来ている道、あるいは仏の教言を象徴している道という点では、素晴らしい「白い道」であると言われるのです。しかし、否定的な面は、聖人の主体から見たら、この道は単に白いだけとは言えないと言うのです。光をいただく道ですから、「白道」には違いはないのですが、その光に照らされた空間的肉体的存在としての自己（道）は、決して単に清らかなものではない、と聖人は言われるのです。白道は「清浄願往生の心」で清らかな心を意味するから、私たちはその清らかな心そのものにな

ったのだと考える人がいるかもしれませんが、聖人はそうは考えられないのです。『愚禿鈔』には、

「四、五寸とは、四の言は四大《しだい》毒蛇に喩うるなり。五の言は五陰《ごおん》悪獣に喩うるなり」
（『真宗聖典』四五四頁）

と言います。聖人は光に照らされた道としての自分、その肉体的存在は「毒蛇」とか「悪獣」のようなものなのだと言われるのです。この聖人の「白道四、五寸」観については、次の項でも触れたいと思います。

二　善導大師と親鸞聖人の「群賊・悪獣」観の相違

善導大師の「群賊・悪獣」観

ここで、善導大師と親鸞聖人の「群賊悪獣」観の相違を語るために、先ず善導大師の「群賊悪獣」観についてお話しましょう。大師は、

「「群賊悪獣、詐《いつわ》り親しむ」というは、すなわち衆生の六根・六識・六塵・五陰・四大に喩うるなり」（『真宗聖典』二二〇頁）

と言われます。

ここで、大師は「群賊悪獣」を定義するのに、「群賊悪獣というは」とは言われないで、「「群賊悪獣、詐り親しむ」というは」と言われています。すなわち「群賊悪獣」は「悪意を隠してあたかも親しい友のように振る舞っている（詐り親しむ）」と言われています。なぜ大師がそのように言われるのかというと、旅人の外に「群賊悪獣」が純客体的にいるというのではなくて、旅人が彼らを自分の主体との関わりにおいて、主観的な解釈を通して見ている、ということを意味するのです。

言い換えると、私たちの存在は十八の構成要素、すなわち、六種の感覚器官〔六根《ろっこん》〕と、その六種の認識対象〔六境《ろっきょう》〕と、六種の認識活動〔六識《ろくしき》〕とから成り立っているのです。あるいは、私たちの存在は、四大《しだい》（地・水・火・風の四元素＝肉体）あるいは五陰《ごおん》（色《しき》・受《じゅ》・想《そう》・行《ぎょう》・識《しき》）によって成り立っているのです。このようにして私たちが存在しているということは、純粋な客体としての対象はなく、対象は常に主体の側によって意味づけられてあり、その既に意味づけられた客体を主体は理解しているというのです。ですから、善導大師は、「群賊悪獣」が旅人によって既に「詐り親しむもの」と解釈されているのです。ですから、善導大師は単に「群賊悪獣」とは言わないで「群賊悪獣、詐り親しむ」と言われているのです。

今、旅人の外に純客体的に「群賊悪獣」がいるというのではなくて、旅人が彼らを自分の主体との関わりにおいて、主観的な解釈を通して見ていると言いましたが、もう少しそれを詳しく説明しましょう。

それは、言い換えますと、私の見ている外にある対象は、私の眼で見て、私の意識で認識しているのですから、私は自分の心の中にあるものをその外にある対象の上に見ているということです。ですから、私が見ている世界には、私自身の思いが反映されているのです。簡単に言えば、私は私自身を外に見ているということなのです。例えばケチな根性を持った人は、どこへ行ってもすぐケチな人を見つけます。心の優しい人は、すぐに心の優しい人を見つけます。青い眼鏡を掛けている人には、外の世界は青く見えます。赤い眼鏡を掛けている人には、外の世界は赤く見えます。私たちはみんなそれぞれ異なった業《ごう》を持っている存在なのです。私たちは、その業の色の着いた眼鏡で世界を見ているのです。ですから、ここに五十人の人がいれば五十の独自な世界があるのです。各自はそれぞれの業によって存在しているのですから、一人も同じ人はいないのです。同じ世界は一つもない。みんな自分の業で自分の世界を作って、その世界を見ているのです。

ですから、その旅人にとって「群賊悪獣」という存在は、その旅人が西に向かって歩もうと決心するまでは、「親しい良き友達」だと思っていた人々なのです。ところが、いざ西に行こうとしたときには、「親しい良き友達」だと思っていた人々が、恐ろしい悪意を持った「群賊悪獣」に変わったのです。この変化は、それらの人々が変わったということではなくて、旅人のそれらの人々への見方が変わったということです。旅人の見方が変わって、同じ人々を全く違った目で見るようになったということです。旅人にとって、「親しい良き友達」が恐ろしい「群賊悪獣」に見えるようになったということなのです。

ここで、善導大師の「群賊悪獣」観をまとめます。大師は「群賊悪獣」を定義するとき、「群賊悪獣とは」と言わないで、「群賊悪獣、詐り親しむというは」と言われています。それは、大師は、私たちが「六根・六識・六塵」（あるいは五陰または四大）で作っている世界が、私たちを苦しませているのだと言うのです。すなわち、私たちが業で作っている人々（群賊悪獣）が、白道で譬えられる私たちの「願往生心《がんおうじょうしん》」を妨げていると言うのです。つまり、求道心を殺そうとしていると言うのです。外に純客体的にある「群賊悪獣」が私たちを苦しめるのでなく、私たちが業で作っている「群賊悪獣」が私たちを苦しめていると言うのです。そのことを大師は「群賊悪獣、詐り親しむというは」と言われているのです。これが大師の「群賊悪獣」の見方です。

親鸞聖人の「群賊・悪獣」観

次に、親鸞聖人の「群賊悪獣」観について述べたいと思います。先程の『愚禿鈔』の続

きを見ますと、聖人は、

「群賊は、別解《べつげ》・別行《べつぎょう》・異見・異執《いしゅう》・悪見《あっけん》・邪心・定散《じょうさん》自力の心なり。悪獣は、六根・六識・六塵《ろくじん》・五陰《ごおん》・四大なり。」（『真宗聖典』四五三頁）

と言われます。

ここでわかるとおり、聖人は「群賊悪獣」を「群賊」と「悪獣」の二つに分けて定義しておられます。善導大師は前述したように「「群賊悪獣、詐り親しむ」というは、すなわち衆生の六根・六識・六塵・五陰・四大に喩う」と言われるだけで、「群賊」と「悪獣」を分けて定義しませんが、親鸞聖人は非常に厳密です。

「悪獣」に関しては、聖人は善導大師と同じく「六根・六識・六塵・五陰・四大なり」と言われます。しかし、「群賊」に関しては、「別解・別行・異見・異執・悪見・邪心・定散自力の心なり」と言われます。これは、善導大師が言われなかったことです。

聖人の理解では、「悪獣」は人間が生来持っている身体の機能（六根・六識等）であると言われ、「群賊」は人間が後天的に学び覚えた物の見方とか行為（別解・別行・異見等）であると言うのです。つまり、人間の肉体に付随している煩悩（倶生起《くしょうき》煩悩）を「悪獣」と言い、誤ったものの見方の煩悩（分別起《ふんべつき》煩悩）を「群賊」と言われるのです。

ここで、これら二つの煩悩に関して次のことを知っておかなければなりません。聖人は、

「群賊」が象徴している誤ったものの見方の煩悩は阿弥陀仏の光（智慧）に出遇うことによって破られるのですが、「悪獣」が象徴している人間の生来の肉体に付随している煩悩は阿弥陀仏の光によってその意味が転換されるということはあっても、それらが取り除かれるということはありえない、と考えられたのです。それらの生来の煩悩は、人間が生きている限りは一つもなくならないというのが聖人のお考えです。

先ほど読みましたが、聖人は『愚禿鈔』で「白道四、五寸」を説明して、「四、五寸とは、四の言は四大毒蛇に喩うるなり。五の言は五陰悪獣に喩うるなり」（『真宗聖典』四五四頁）と言われています。ですから、「白道」の「四、五寸」というのは、「四大」という「毒蛇」とか「五陰」という「悪獣」の意味だと言われるのです。聖人の主体的見地から見たら、この「百歩」の白道、すなわち聖人の肉体的存在は、毒蛇や悪獣のようなものだと言われるのです。

このように聖人が「白道四、五寸」は「毒蛇悪獣」であると言い、「群賊悪獣」の「悪獣」が「六根・六識・六塵・五陰・四大なり」と言って、「白道」の内にも外にも「悪獣」がいると言われるのは、たいへん面白く意味深いことと思われます。

この「百歩」の道は、旅人の「三定死《さんじょうし》」の後では、仏から光をいただく道ですから、「白道」に違いないのです。「白い」というのは光に照らされているという意味なのですけれども、しかし、その道の上で光に照らされてはっきりと見えるようになった自分の肉体的存在は白くはない、と聖人は言うのです。それは「毒蛇」や「悪獣」のようなものだと言われるのです。

ですから、ここの聖人の「四、五寸とは、四の言は四大毒蛇に喩うるなり。五の言は五陰悪獣に喩うるなり」という白道観は、聖人の「機の深信」と「法の深信」が表現されていると考えることができます。聖人の自己を見つめる眼の厳しさをここに見ることができます。白道だから私の中に何か清らかなものがあるとは聖人は言われません。仏からたまわった道は、法の白道、光の白道であると言えるけれども、その道（自分という存在）は、聖人の内省においては白くはないと言われます。ここで聖人の『愚禿悲嘆述懐』の一句を思い出さざるを得ません。

「浄土真宗に帰すれども
　真実の心はありがたし
　虚仮不実のわが身にて
　清浄の心もさらになし」（『真宗聖典』五〇八頁）

善導大師はその「白道」を妨げるものが「群賊悪獣」であるとは言っておりますが、「百歩」の道まで「悪獣」であるとは言っておりません。大師の言う「毒蛇」や「悪獣」

は、東側の岸にいる（あるいは外に見られている）ものなのです。しかし、親鸞聖人は厳しい自己内省によって、「毒蛇」や「悪獣」を「白道」の中に見ているのです。ここに光に照らされた聖人の自己の懺悔があるのです。「機の深信」があるのです。

三　親鸞聖人は自力仏道を「白路」あるいは「黒路」として理解する

次に、親鸞聖人が自力仏道（すなわち旅人が三定死に至る以前に歩んでいた「二元分別執」・「宗教我執」に基づく仏道）をどのように理解していたか、お話したいと思います。

聖人は自力仏道を、第一に肯定的に「白路」として、第二に否定的に「黒路」として、二つの異なった理解をします。その第一は、それを「黒道」（世間道）に比して優れている「白路」として理解します。そしてその第二は、それを阿弥陀仏からたまわる「白道」に比して劣っている「黒路」として理解します。では、先ずその第一の理解を見てみましょう。

「白路」としての自力仏道

親鸞聖人は、『愚禿鈔』で次のように言われます。

「「白道四五寸」と言うは、
白道とは、白の言は黒に対す、道の言は路に対す、白はすなわちこれ六度万行、定散《じょうさん》なり。これすなわち自力小善の路なり。黒はすなわちこれ六趣・四生・二十五有・十二類生の黒悪道なり。」（『真宗聖典』四五四頁）

ここで、聖人は先ず「白道とは、白の言は黒に対す、道の言は路に対す」と言います。すなわち白道の「白」は「黒」に対して、「白道」の「道」は「路」に対しているのだ、と言うのです。すなわち、聖人はここで、三つの「みち」、すなわち「白道」「白路」「黒道」を語ります。

そして、その「白道」と「白路」に関して、「白道」の意味は少しも語らず、「白路」の意味だけ語ります。すなわち「白路」の「白」は「六度万行」（布施・持戒・忍辱・精進・禅定・智慧という菩薩行をはじめとする多くの行）を意味し、それはまた「定散」（「定」は坐禅などの心を統一する行、「散」は心の散り乱れた人がする倫理的な行）を意味すると言います。後で読みます『教行信証』「信巻」の文章で、聖人は「「路」は、すなわちこれ二乗・三乗・万善諸行の小路なり」（『真宗聖典』二三四頁）と言われていますから、「白路」は小乗と菩薩乗のすべての自力の行を意味するということがわかります。

そして次に「黒はすなわちこれ六趣・四生・二十五有・十二類生の黒悪道なり」と言っ

て、仏道以前の世間道である「黒悪道」あるいは「黒道」の内容を説明します。ここで、聖人は六趣（地獄・餓鬼・畜生・修羅・人間・天上の六つの迷いの世界）以下いろいろ言われていますが、それらはすべてその旅人が「百歩」の道に入る前に住んでいた迷いの世界を意味しています。要するに、それらの迷いの世界を聖人は「黒悪道」あるいは「黒道」と言っているのです。

このように聖人は「白道」「白路」「黒道」の三つを語り、自力仏道を「白路」と同一視しています。自力仏道（白路）は、悪のみの「黒道」と比べれば、少なくとも善（すなわち「自力小善」）があるので、すぐれているとも言われるのです。

「黒路」としての自力仏道

今、聖人の自力仏道についての第一の理解、すなわち「黒道」（世間道）に対してすぐれている「白路」としての理解を見ました。次に、聖人の自力仏道の第二の理解、すなわち阿弥陀仏からたまわる仏道（白道）に対して劣っている「黒路」としての理解を見てみましょう。

聖人は『教行信証』「信巻」に次のように言います。

「真に知りぬ。二河の譬喩の中に、「白道四五寸」と言うは、「白道」とは、「白」の言は黒に対するなり。「白」は、すなわちこれ選択摂取《せんじゃくせっしゅ》の白業《びゃくごう》、往相回向の浄業なり。「黒」は、すなわちこれ無明《むみょう》煩悩の黒業、二乗・人天の雑善《ぞうぜん》なり。「道」の言は、路に対せるなり。「道」は、すなわちこれ本願一実の直道《じきどう》、大般涅槃《だいはつねはん》無上の大道なり。「路」は、すなわちこれ二乗・三乗・万善諸行の小路なり。」（『真宗聖典』二三四頁）

先ず、ここの最初に「二河の譬喩の中に「白道四五寸」と言うは、「白道」とは「白」の言は黒に対するなり」とあります。ここは先程見ました『愚禿鈔』の文と同じです。『愚禿鈔』ではその文章の次に「白はすなわちこれ六度万行・定散なり」（『真宗聖典』四五四頁）と言って、自力の善業と「白」を同一視します。ところが「信巻」のこの文章では、聖人は「白は、すなわちこれ選択摂取の白業、往相回向の浄業なり」と言われるのです。これはどういう意味かと言いますと、ここで言う「白道」は真実の仏道ということで、釈尊の発遣《はっけん》と阿弥陀如来の招喚《しょうかん》によって、彼岸から衆生のために選ばれて回向されている道であるということなのです。前の『愚禿鈔』で言われた「白路」は、私たちが此岸から自力で善を積んで延ばす「路」なのです。ですから、仏道でも自分で考えて歩む自力の「路」と、阿弥陀仏によって回向された名号（南無阿弥陀仏）の意味を聞きつつ歩む他力の「道」との二つがあるのです。

ですから、同じ「白」と言っても二つあるのです。「白路」の「白」は人間が考えた

「白」ですが、「白道」の「白」は人間が阿弥陀仏からたまわる「白」なのです。それを「選択摂取の白業、往相回向の浄業なり」と言うのです。「法」の世界から私たちの方へ来てくださっている「白い道」であると言われるのです。法蔵菩薩の清浄な行が成就した智慧の功徳が私たちに与えられているということです。

そして次に、「黒は、すなわちこれ無明煩悩の黒業、二乗・人天の雑善なり」とあります。「無明煩悩」が「黒業」だというのは説明を要しないことです。さらに聖人は、「黒」は「二乗・人天の雑善なり」と言われ、それは二乗（声聞・縁覚）及び人間・天人の相対的善は利己心（毒）を雑《まじ》えた善（雑毒《ぞうどく》の善）であり、実質は「黒」だと言うのです。ここで聖人が、仏道における二乗をきっぱりと「黒」と言われていることは、注目に値します。

前に見ました『愚禿鈔』では「白はすなわちこれ六度万行・定散なり、これすなわち自力小善の路なり」とありました。そこでは、「自力小善の路」が、世間の「黒道」に比して「白路」であると言われていました。しかし、この「信巻」では、阿弥陀仏から回向された「白道」に比して、二乗・三乗の自力の万善諸行の小路は「黒路」だと言われているのです。

四　親鸞聖人の「白道」観（「能生清浄願往生心」観）

善導大師は、譬喩の解説の中で「白道」を次のように定義します。

「中間の白道四五寸というは、すなわち衆生の貪瞋煩悩の中に、能《よ》く清浄願往生の心を生ぜしむるに喩うるなり。」（『真宗聖典』二二〇頁）

大師はここで、「白道」は浄土往生を願う清らかな願いの心であり、それが「貪瞋煩悩」の真っ只中に生じ得ることを意味すると言うのです。ところが親鸞聖人は、ご自身の著作の中で、右の善導大師の「能く清浄願往生の心を生ぜしむる（能生清浄願往生心）」の文章の中の「往生」の二字を省いて「能生清浄願心」と読み変えているのです。

この読み変えによって、聖人が先ず何を言いたかったのかを説明して、その後で善導大師の「能生清浄願往生心」の文章と聖人の「能生清浄願心」との違いを説明したいと思います。

では、聖人のその読み変えの箇所を見てみましょう。この箇所は、先ほど読んだ「信巻」中の聖人の「白・黒」と「道・路」の説明文の後にあります。

「「能生清浄願心」と言うは、金剛の真心を獲得《ぎゃくとく》するなり。本願力回向の大信心海なるが

ゆえに、破壊《はえ》すべからず。」（『真宗聖典』二三五頁）

さらに『浄土文類聚鈔』でも聖人は同じ読み変えをします。そこで聖人は、先ず善導大師の「中間の白道というは、すなわち貪瞋煩悩の中に能く清浄願往生の心を生ずるに喩うるなり……」の文を引いて、すぐその後で次のように言います。

「ここに知りぬ。能生清浄願心は、これ凡夫自力の心にあらず、大悲回向の心なり、かるがゆえに清浄願心と言えり。」（『真宗聖典』四一八頁）

では、なぜ聖人はここで「清浄願心」という言葉を使われるのでしょうか。これには深い理由があるのです。「清浄願心」という言葉は、もともと天親の『浄土論』と曇鸞の『浄土論註』から出ているものなのです。『浄土論註』で曇鸞は言います。

「この三種の荘厳《しょうごん》成就は、本《もと》四十八願等の清浄の願心の荘厳したまうところなるに由って、因浄なるがゆえに果浄なり……」（『真宗聖典』二三四頁）

それを受けて親鸞聖人も、

「もしは因もしは果、一事として阿弥陀如来の清浄願心の回向成就したまえるところにあらざることあることなし。」（『真宗聖典』二八四頁）

と言っているわけですが、このように曇鸞は「四十八願等の清浄願心」が法蔵菩薩の「行」のもとにあり、この願心の成就が「国土」「仏」「菩薩」の三種の荘厳功徳の成就（すなわち往相《おうそう》・還相《げんそう》の二種回向の成就）だと言うのです。ですから「清浄願心」は衆生の往《おう》・還《げん》の二種回向の成就を実現させるものなのです。親鸞聖人は、「清浄功徳」こそが「真宗」・「誓願一仏乗」の仏教にとって、あるいは「如来二種回向」の仏教にとって、最も大切なものと考えたのです。

では次に、善導大師の「能生清浄願往生心」の文章と親鸞聖人の「能生清浄願心」の文章との違いを説明しましょう。なぜ聖人は善導大師の「清浄願往生心」を「清浄願心」に変えたのでしょうか。それを説明しましょう。

善導大師にとっての「清浄願往生心」は「三心《さんじん》」の中の自力の「回向発願心」と同じものと考えられます。そうすると、この心は二種回向の内の往相（または往生）の益《やく》のみを願っているものと考えられます（『真宗聖典』二三四頁参照）。そうすると「白道」は「往生のみを願う心」という意味をもつことになります。

しかし、親鸞聖人は「白道」を往生（または往相）の面だけで捉えることは正しくないと考えたのです。聖人は「白道」を「三心《さんしん》」（「三信」）中の「欲生心《よくしょうしん》」、すなわち如来の「発願回向」または「回向心」であると考えました。そしてその心は「大悲回向の心」と考えました。その心は、如来の往《おう》・還《げん》の二種回向を成就する心なのです。それは衆生に往相（往生）の益ばかりでなく、還相回向の菩薩の功徳も与えてくれるのだ、と考えたのです。ですから、聖人は善導大師の「清浄願往生心」を「清浄願心」に変えたのです。

親鸞聖人は、前に引用した「信巻」の文章からもわかるように、「清浄願心」が「金剛の真心」であり、「本願力回向の大信心」でもあると言うのです。天親と曇鸞が「清浄願心の浄因は、必ず浄果（すなわち往・還の功徳）を成就する」と言うごとく、聖人も「清浄願心」である「金剛の真心」（すなわち浄因）を獲ると、衆生は往・還のすべての功徳をいただけるのだ、と言うのです。

以上で、聖人の読み変えに関する説明は終わりです。さらに聖人の「白道」観をお話ししましょう。

今読みました「信巻」の「能生清浄願心と言うは……」の少し前の文章を読みましょう。聖人は、

「道」は、すなわちこれ本願一実の直道《じきどう》、大般涅槃無上の大道なり。」

（『真宗聖典』二三四頁）

と言われています。「本願一実の直道」というのは、私たちが本願力によって直ちに救われる道という意味です。さらに、釈尊が直《じか》に説いてくださった人間の最も深い願いに関わる教え（道）という意味もあります。その願いを実現した多くの先人たちが私たちに伝えてくださっている道です。そして「大般涅槃無上の大道」というのは、「最高の悟りに至

ることのできる道」ということです。それを言い換えますと、「私たちの人生が完成する道」ということです。私たちが自力で作った道では、私たちの人生は完成しないのです。人智を超えた仏の智慧をいただいて、初めて私たちの深い願いは成就する。つまり人生が完成するのです。ここにある「大般涅槃」ということは、後で聖人の「信心の人の充実した人生」について語るときに、さらに詳しく触れるつもりです。

五　機法二種深信

ここまで、親鸞聖人の「二河白道の譬喩」の解釈を学んでまいりました。ここで、聖人の解釈の根底にある、内省の原理である「機法二種深信《じんしん》」についてお話しましょう。「機法二種深信」は、善導大師が最初に明確に定義された、人間の深い自覚内容です。それは、次の二つから成り立っています。

一、機の深信：自身が無始以来の迷いによって、絶対に救われない存在であると信知すること。

二、法の深信：自身が阿弥陀仏の本願の力によって、絶対に救われると信知すること。

（『真宗聖典』二一五〜六頁参照）

では、親鸞聖人がこの二つをどのように理解したか、お話ししましょう。聖人においては、この二つの事柄が同時に体験されることが救いである、というのです。自分が絶対に救われない人間であるとわかることが、自分が救われているということである、と言うのです。これは、理解しがたい、パラドックス的な言葉なのですが、これがわからないと聖人の教えをわかったとは言えないのです。

「私が絶対に救われない存在であると知ることが、私が救われていることである」ということを説明しましょう。それは、「私が阿弥陀仏の光（智慧）に出遇い、それに照らされる」ということなのです。仏の智慧に遇うと、今まで素晴らしいと考えていた私の「知恵」が全く空しいもの、それが実は「智慧」ではなくて「無明」であるとわかることなのです。これを譬えで言うと次のごとくです。自分が部屋の中にいて、そこの空気はきわめて清浄なものと思っているとします。ところが、その部屋に急に強い光が差し込んで来たとします。そうすると、今まで清浄だと思っていた空気が、実は無数の埃《ほこり》で満ち満ちているということがわかります。このように今まで清浄だと思っていたものが、実は全くの汚穢であったことがわかるのです。そのように今まで素晴らしいと思っていた自己の「知恵」が「無明」であるとわかることが、私が絶対に救われない存在であるとわかることなのです。それは、阿弥陀仏の光（智慧）が私を照らし、包み、摂取しているということであり、それが私が救われていることなのです。私が「無明」の塊りであると知らされ、私の頭がガックリ下がるということが、私の救い難さがわかるということであり、まさしく、そのことが即《そく》私が大いなる阿弥陀仏の智慧の世界に生まれている、仏の光によって真の自己が見られた、救われている、ということなのです。

この「機法二種深信」において、前者の「機の深信」が先ず大切なのですが、ここで注意しなければならない大切な点は、この「機の深信」が人間の「二元分別知」による倫理的反省ではないということです。自己が救い難いと、人間の二元分別知で知るのではないのです。確かに、二元分別知による倫理的反省で「私は愚か者です、悪人です」というのと、「機の深信」で「私は愚か者です、悪人です」というのとは、同じことを言っているように聞こえますが、倫理的反省と「機の深信」は全く異なったことなのです。

では、その違いを簡単な例を挙げて説明しましょう。今ここに机があってその上に白い砂と黒い砂があると思ってください。これらの砂を比べますと、確かに正反対の白と黒に見えます。では今度は、その白い砂と黒い砂を真っ白な紙の上に置いたらどうでしょうか。すると、机の上では白く見えたその白い砂が、真っ白の紙の上では白くなくて灰色に見えるのです。

なぜこんな例を出したのかと言いますと、白い砂、黒い砂、机、真っ白の紙が、それぞれあるものを象徴しているのです。白い砂は「善」を、黒い砂は「悪」を、机は「人間の二元分別知」を、そして真っ白の紙は「仏の智慧」を象徴しているのです。それはどういうことかと言いますと、人間の二元分別知の中で考えられた善と悪は、確かに正反対なものに思われますが、その善と悪は、仏の智慧から見られたら、正反対なものに見えないのです。人間の二元分別知で見られた善（白）は、仏の智慧から見られたら、悪を雑《まじ》えた善（灰色）に見えるのです。善だと思っていた中に悪が入っているのです。これを善導大師や親鸞聖人は「雑毒《ぞうどく》の善」と言われます。毒の雑《まじ》った善だと言うのです。善は善だけれども毒が雑っている。暁烏敏先生は、人間の分別知による「善」と「悪」を、甘い毒と苦い毒のようなものだと言います。人は分別心で表面の甘いか苦いかだけで判断しますが、その甘さと苦さの奥にある毒には気がつきません。しかし、甘くても苦くても毒は毒です。あるいは、世間的なエゴと宗教的なエゴ、どちらもエゴはエゴで、世間的我執も宗教的我執も同じものです。表面を黒いカバーが被《おお》っているか、白いカバーが被っているかの違いです。中身は同じです。世間の我執、宗教の我執、共に中身は同じ我執です。カバーしか見ないのは、ものの見方が浅いのです。

「私は宗教家だ、私は世間の人と違って宗教的な精神的なものを求めているのだ」とか言いますが、そのような考えにも、しばしば宗教的我執が根底にあります。自分が可愛いとか、自分が他人《ひと》より幸せになりたいとか、精神的に優れた人間であると思われたいとか、私たちの心の奥に宗教的我執があるのです。

ですから、「機の深信」ということは、人間の分別知ではわからないし、実現できないのです。聖人は、「機の深信」は阿弥陀仏の光（仏の智慧）に出遇って初めて実現するものであると言われます。本当に真っ白なものに出遇わなければ、自分の汚れは本当にはわからない。人間の分別知に頼って、自分が考えた善を善だと思うかもしれません。しかし、それは仏の眼から見たら善ではないのです。悪を雑《まじ》え、毒を雑えた善だと言うのです。阿弥陀仏の光に照らされたら、人間の分別知で考えられた善はすべてが悪になってしまうのです。

このように光に照らされて、自己に何ら真の善も智慧もないと徹底して知らされること、すなわち「私は絶対に救われない存在であると信知する（わかる）こと」を、すなわち「機の深信」というのです。

聖人は、阿弥陀仏の光に出遇って、初めて自分の正体を見ることができたのです。自分が善と考えたことも、悪と考えたことも、すべてが虚偽であり不浄である、と言われるのです。聖人は『歎異抄』で、

「煩悩具足の凡夫、火宅無常の世界は、よろずのこと、みなもってそらごとたわごと、

まことあることなきに、ただ念仏のみぞまことにておわします」（『真宗聖典』六四〇頁）と言われています。これが仏の光に照らされた聖人の「機の深信」の懺悔《さんげ》なのです。このように自己が完全に否定されることが、実は私たちが自己から解放されることなのです。

ですから、「機の深信」に関しては、私たちが仏の光に遇うかどうかということが、決定的に重要なことなのです。「此岸《しがん》」のこの娑婆世界においても、私たちは二元分別知に基づいて、「私は悪人でございます」と懺悔《ざんげ》はできますが、そういうことを「機の深信」というのではないのです。「機の深信」というのは、私たちが考える「善」も「悪」も、仏の眼から見たら両方「悪」だということなのです。仏智は人間の二元分別知への信頼を完全に否定するのです。それは、私たちを「宗教的我執」から解放するのです。人間の二元分別知による倫理的懺悔《ざんげ》は私たちを暗い人間にしますが、「機の深信」の懺悔《さんげ》は私たちを明るい人間にします。

ここで、「機法二種深信」に関して、もう一つ大切なことを述べさせていただいて、このことに関するお話は終えることとします。今まで、私たちが自分の正体に気づくようになるのは、私たちが仏の光に照らされるからであると述べてきました。言うならば、私たちが出遇う仏の光が私たちに「お前は悪人なのだ」と呼びかけるのです。そして、この呼びかけを私たちが聞くから「私は悪人だ」とわかるのであって、そういうことを「機の深信」というのだと述べてきました。私たちが自分で考えて「私は悪いことばかりしているから悪人でございます」というような、そういうことを「機の深信」というのではないのです。

今、人間の分別知によっては、すなわち自分で反省することによっては、「機の深信」も「法の深信」も絶対に私たちの中に実現することはないと言いました。ただ仏からの呼びかけがそれらを実現するのです。ですから、善導大師が「機の深信」の定義で「自身が……絶対に救われない存在であると深信す」と言っているのを、親鸞聖人は「自身が……絶対に救われない存在であると深信すべし」と命令形に変えているのです。聖人は「法の深信」に関しても同様に、「深信す」を「深信せよ」と命令形に変えています。（『真宗聖典』四三九頁参照）このように聖人は、人間の深い内省と目覚めは、仏の呼びかけによるのだと言われるのです。

そして、私たちが、その光に出遇い、本当に自分のお粗末さを知って頭が下がるとき、その同じ光が私たちの意表をついて「お前は白蓮華であるぞ、上上人であるぞ」と告げてくれるのです。このように、私たちを絶対的に否定する言葉、すなわち「お前は絶対に救われない悪人であるぞ」という言葉と、私たちを絶対的に肯定する言葉、すなわち「お前は救われている白蓮華であるぞ、上上人であるぞ」という二つの言葉が、仏の光によって私たちに同時に与えられるのです。

私たちの側からは、自分の中に何一つ善いものは見出せないのですが、仏の側から、素晴らしい私たちへの讃歎の言葉が与えられるのです。ですから、聖人は「信心の人」は「弥勒《みろく》菩薩と等しいとのべたもう」と言われるのです。仏が「お前は弥勒菩薩と等しい人だ」と言うのです。私たちは私たちの側から「弥勒菩薩に等しい」とか「如来と等しいとのべたもう」あるいは「如来に等しい」などとは絶対に言えないのです。「私は信心をいただいたから妙好人になったのだ」などとは決して言えない。私たちは逆立ちしたって妙好人なんかにはなれません。それなのに、そのように仏の光に照らされて、自己の愚悪さを徹底的に知った人を、仏の光は「お前は、白蓮華であり、上上人であるぞ」と言われるのです。安田理深先生は「到底そのような素晴らしい地位に値しない者が、仏力によってかたじけなくもその地位に即位せしめられるのだ」と言われます。聖人は、「機の深信」も「法の深信」も、仏の光からの「お前は救いがたい悪人であると知るべきである」、あるいは「お前は救われた素晴らしい人間であると知るべきである」という命令の言葉であると理解されているのです。

六 「信心の人」の充実した人生

親鸞聖人の『一念多念文意』の中に、「二河白道」に関する大切な文章があります。この文章の中で聖人は、善導大師が考えも及ばなかった非常に深い理解を表現しておられます。具体的には、聖人はこの文章の中で、自身の悲しい現実、すなわち生きている限り、身に具足した煩悩は一つもなくならないということを語られています。それと同時に、そのような煩悩をもった現実にもかかわらず、仏の光（智慧）をいただくことによって、素晴らしい最高の悟りを体験できると言われるのです。以下、その『一念多念文意』の文章を二つに分けて解説しましょう。

煩悩具足の凡夫

先ず、聖人は旅人が代表するすべての人間の本質を次のように表現しておられます。

「凡夫というは、無明煩悩われらがみにみちみちて、欲もおおく、いかり、はらだち、そねみ、ねたむこころおおく、ひまなくして臨終の一念にいたるまでとどまらず、きえず、たえずと、水火二河のたとえにあらわれたり。」（『真宗聖典』五四五頁）

聖人はここで言葉を窮めて、人間がいかに煩悩に満ちた存在であるかということを言われています。この文章の意味を言いますと、「凡夫」というのは愚かな普通の人間ということで、それは特別な人ではないということです。「無明煩悩われらがみにみちみちて」というのは、「無明煩悩」の「無明」は「貪・瞋・痴」の三毒の煩悩の中の「痴」です。私たちの迷い・苦しみの根底には、この「無明」という愚かさがあるのです。この愚かさに基づく多くの煩悩がわれわれの体に満ち満ちているというのです。前に聖人の「白道四、五寸」観を見ましたが、聖人は、光に照らされたこの白道は、主体的には煩悩そのものであり、毒蛇や悪獣のようなものだと言っていました。私の存在は煩悩に満ち満ちているというのです。

そして聖人は、この「白道」の「百歩」は、人間の百年の寿命を意味すると言うのですから、この百歩の終わりは肉体の死を意味するのです。ですから、この身が死に至るまで、煩悩が満ち満ちていて、その一つとして消えることはないのだと言われるのです。「欲もおおく」とは、三毒の煩悩の中の「貪」であり、「いかり、はらだち」は「瞋」です。そしてさらに、人間の中には「そねみ、ねたむこころ」等の様々な煩悩があるのです。「そねみ、ねたむこころおおく、ひまなくして」と言うのですから、それらの煩悩が限りなく一瞬として止《や》まないということです。ここは、善導大師の言われるのと同じで、西岸へ至るまで水（貪）と火（瞋）は深く際限がないというのです。

聖人は、さらに「臨終の一念にいたるまでとどまらず、きえず、たえずと、水火二河のたとえにあらわれたり」と言われます。「私の死に至るまで、煩悩は一瞬として止むことがありませんし、消えません」と言うのです。「三定死」に至るまでは、それらの煩悩を消そうと努力したけれども、阿弥陀仏の喚《よ》び声を聞いてからは、煩悩の身をそのままいただいていると言っているのです。聖人御自身の非常に悲しい現実がここで語られているのです。

弥陀同体のさとり

親鸞聖人は、自身の悲しい現実を語る、今読んだ文章の後に続けて次のように言われます。ここで聖人は、よろこばしい自身の救いについて語ります。

「かかるあさましきわれら、願力の白道を一分二分《いちぶんにぶん》、ようようずつあゆみゆけば、無碍光仏のひかりの御こころにおさめとりたまうがゆえに、かならず安楽浄土へいたれば、弥陀如来とおなじく、かの正覚のはなに化生して、大般涅槃のさとりをひらかしむるをむねとせしむべしとなり。」（『真宗聖典』五四五頁）

聖人は、この前までは、自分がいかに煩悩に満ち満ちた存在であるかを言われたのですが、ここからは、そのような人間が阿弥陀の光（智慧）に出遇うと、たちまちその智慧におさめ取られて素晴らしい悟りの世界に至ることができると言われるのです。前の文章とこの文章は、それぞれ聖人の「機の深信」と「法の深信」を語っているように思われます。「かかるあさましきわれら、願力の白道を一分二分、ようようずつあゆみゆけば」と言われますのは、そのような煩悩具足の凡夫がいただいた願力の白道を、「一分二分」一歩一歩歩むということです。「一分二分」というのは、聖人がこの文章のすぐ後で説明されていますが、「一分二分ゆくというは、一年二年すぎゆくにたとえたるなり」（『真宗聖典』五四五頁）と言われますように、一年二年経つということです。

この聖人の「願力の白道を一分二分、ようようずつあゆみゆけば」という言葉を、善導大師の「須臾《しゅゆ》にすなわち西の岸にいたりて」という言葉と比べるとき、そこに違いが感じられます。善導大師にとっての白道での歩みは、一気に浄土に到るためのように思われますが、聖人は、その信心の人の一歩一歩の歩み、一年一年の歩みに深い意味を見ておられるようです。その歩みが、一気に行者を浄土に至らしめるというよりは、歩むプロセス自体以外に浄土を体験するということはないのだと言われているように感じます。聖人にとってその歩みは、死後の浄土を目的とする歩みではなく、歩むこと自体が浄土往生のプロセスなのです。聖人にとっては、歩むこと自体以上に大いなる目的はないのです。それに比すると、善導大師の場合は、歩むことは死後の浄土へ一気に行くためなのであると考えているように思われます。

『教行信証』の「総序」で聖人が、「悪重く障《さわり》多きもの、特《こと》に如来の発遣《はっけん》を仰ぎ、必ず最勝の直道《じきどう》に帰して、専らこの行に奉《つか》え、ただこの信を崇めよ」（『真宗聖典』一四九頁）と言うとき、聖人は「二尊」よりたまわる「直道」は、教えを聞信できる場所として重要な意味があると言っているように思われます。

さらに「願力の白道」は、人間の考えで理解できるような道ではないのです。人間の知恵ではなく、仏の智慧が私たちに道となって来ているということなのです。これは、私たちの側から言うと、仏の教えを聞くということあるのみということです。そして、その聞くということが仏道を歩むということです。私たちの人生で、聴聞の一道を歩むということ以上の喜びはないのです。聴聞以上に偉大なる人生の目的はないのです。それが「往生浄土」の生活なのです。

ここの「願力の白道」という意味の「願力」は、「西岸」つまり真理の世界から用《はたら》くものすごい力です。強力なマグネットです。「願力」というのは磁力ですね。この「白道」に乗托したら、「お前、こっちへ来い」と、ものすごい力で私たちを真理の世界へ引っ張って行くのです。これは人間の願いの力ではなく、仏の願いの力ですから、ものすごい力です。あるいは人間の真の願いの力です。私たちの抑えきれない願いが、私たちの心の深い深い所から噴出してきたら、これには反抗できない。そのような願心の力が人間の奥深くから出て来るのです。

次のところを読みます。

「無碍光仏のひかりの御こころにおさめとりたまうがゆえに、かならず安楽浄土へいたれば、弥陀如来とおなじく、かの正覚のはなに化生して、大般涅槃のさとりをひらかしむるをむねとせしむべしとなり。」（『真宗聖典』五四五頁）

「無碍光仏のひかりの御こころにおさめとりたまうがゆえに」というのは、「阿弥陀仏の無碍光（すなわち、煩悩や悪業によって少しも妨げられない智慧）に出遇い、それに守られているから」という意味です。これは、もっと具体的に言いますと、「悪を転じて徳となすという仏の智慧によって、煩悩がすべて功徳に転ぜられるから」ということです。

ここの「無碍」という言葉は、「悪を転じて功徳と成す」仏の智慧をいただくと、私たちの人生にある悲しいことや苦しいことのすべてが意味のあるものとなるのです。それゆえ、何ら障碍とならなくなるのです。

ですから次に「かならず安楽浄土へいたれば、弥陀如来とおなじく、かの正覚のはなに化生して」とありますのは、私たちが仏の智慧によって力強い人生を歩み、私たちの人生が全うされるということです。「弥陀如来とおなじく、かの正覚のはなに化生して」というのは、私たちが阿弥陀仏のさとりと同じさとりをひらく、と聖人は言うのです。これを「弥陀同体のさとり」と言うのです。親鸞聖人の教えは、死んで浄土へ生まれてそこで修行して仏に成るというような浄土宗の教えとは全く異なっています。「百歩」の最後に、私たちの「臨終の一念」に、死ぬ瞬間に、すべてが成就して、私たちが阿弥陀仏と同じ仏に成る、というのが聖人の教えです。

そこに「大般涅槃のさとりをひらかしむる」とありますが、「大般涅槃」というのは「成仏」と同じことで、人生が成就する、真の自己が成就することです。私たちが究極の真理と一体になることです。大般涅槃というのは、原語のサンスクリットでは「マハー・パリニッバーナ」ですが、それは「完全燃焼」という意味です。ですから、それは私たちが人生を悔いなく生き切ったという意味です。死後に浄土に生まれるとか、またこの世にもう一度生まれ直すとか、そういうことは一切必要ない、ということです。これで私の人生は満足だ、本当に遇うべきものに遇った、学ぶべきものを学んだ、ということです。人生がピリオド（終止符）で終わるということです。人生が完結するのです。

ですから、「白道」の最後の百歩目で人生が完結して終わるということです。コンマではなく、ピリオドで終わるということです。コンマで終わるような中途半端な死に方をしないということです。怨みや未練を残して死んで行くような死に方をしないということです。遇うべきものに遇って、聞くべきものを聞いてよかった、という死に方をするということです。

聖人は、「私はこの彼岸から回向された白道に遇わなかったら、人生を真に全うすることができなかったであろう」と言うのです。「私は、もし法然上人にお遇いしなかったら、私は人生を無駄に過ごしてしまったであろう」と言うのです。この気持ちを「和讃」で、

「曠劫多生のあいだにも
　出離の強縁しらざりき
　本師源空いまさずは
　このたびむなしくすぎなまし」（『真宗聖典』四九八頁）

と言っています。これは修辞的表現で、「私の人生には法然上人がおられた、だから私の人生は空しく過ごされなかった」と言っているのです。

親鸞聖人の「不断煩悩得涅槃」

今、聖人の「無碍光仏のひかりの御こころにおさめとりたまうがゆえに……大般涅槃のさとりをひらかしむるをむねとせしむべしとなり」の意味を学びましたが、聖人は、仏の

智慧の回向をいただいたら、煩悩の意味は転ぜられて、そこにきわめて積極的な人生が展開して人生が成就するのである、と言われるのです。このことは聖人の教えの中で一番重要な点なのです。

　聖人の全著作の中で、聖人が一番言いたかったことのすべてを最も簡潔に表現した文章は、次の『浄土文類聚鈔』の締めくくりの文章だと思います。

「常没の凡夫人、願力の回向に縁《よ》って真実の功徳を聞き、無上信心を獲《う》。すなわち大慶喜を得《え》、不退転地を獲。煩悩を断ぜしめずして、速やかに大涅槃を証すとなり。」

（『真宗聖典』四二一頁）

この文章から見ても、聖人が一番重要と考えたことは「不断煩悩得涅槃」であったということがわかります。

　また、この「不断煩悩得涅槃」という点に関して、聖人は他の浄土教の祖師方（善導大師も含む）と大いに異なるのです。ですからここで、この点に関してもう少し詳しくお話したいと思います。

　先ず、浄土教の祖師方の煩悩に対する考え方についてお話しましょう。聖人以外の祖師たちは、ある意味で、聖人が持っていたのと同じ煩悩に対する深い洞察を持っています。彼らは、聖人と同じように、自分の煩悩が非常に深くて、生きている限りは修行によってそれらを無くすことはできないと考えるのです。その点では聖人と同じです。しかし、聖人と異なるのは、彼らが、煩悩がある限りこの世では仏に成る道を歩めないから、煩悩がある限りこの世では仏に成れないから、死後に浄土へ行って、そこで煩悩を無くして仏に成ることを願うということです。つまり、死んで浄土へ行って、そこで煩悩が無くなったら仏に成れると考えるのです。

この祖師方の考えを、「二河譬」に関して言うと、旅人が「白道」の「百歩」を歩み終わって、すなわち命終して浄土へ生まれて、そこで正定聚不退転《しょうじょうじゅふたいてん》の位（必ず仏となることが約束された位）に着いて、菩薩と成って修行して、煩悩を無くして、やがて仏に成るというのです。生きている間は箸にも棒にもかからない、どうしようもない「煩悩具足の凡夫」だから、この身が死んで、浄土に生まれて、そこで煩悩を無くして成仏するという考えです。浄土教の祖師方は煩悩を恐れているのです。煩悩のない綺麗な世界を憧れているのです。その意味では「断煩悩得涅槃」を願っているのです。

しかし、親鸞聖人はそのような消極的な煩悩観を持っていないのです。浄土教の祖師方は、肉体の死の後で正定聚不退転の位に着いて菩薩と成って煩悩を無くすと考えるのですが、聖人は「白道」上の三定死《さんじょうし》、すなわち精神的な死（信心）を体験するときに、正定聚不退転の位に着いて菩薩の位をいただくと言うのです。死んでから修行して煩悩を無くして成仏するのではない。生きているときに信心（目覚め）を体験して、正定聚不退転の位に着き、力強い聞法精進の生活をして、すなわち仏智をいただいて「不断煩悩得涅槃」の生活をして、死ぬ瞬間に仏と成ると言うのです。

聖人の煩悩の見方は、浄土教の祖師方の見方とは大いに異なります。祖師方は、煩悩のあるこの世では素晴らしい力強い生活は絶対にできない、素晴らしい生活は煩悩のない死後の浄土においてだけ可能だ、と考えるのです。だから死後の浄土に憧れているのです。彼らにとって、現世の生活は死後の素晴らしい生活の準備段階なのです。

ところが聖人は、ただ仏の智慧（すなわち仏智を内容とする念仏）をいただきさえしたら、煩悩は少しも怖れることはない、と言われるのです。仏の智慧は煩悩を功徳に転じ、そこに煩悩に障《さ》えられない力強い生活が始まるのだ、と言われるのです。煩悩が輝いて来るのです。煩悩に満ちた「白道」の「百歩」上の人生の歩みが、そのまま深い意味を持つようになるのです。私たちの人生の喜怒哀楽のすべて、つまり煩悩のすべてが、私たちの人生を完成するための不可欠な条件となるのです。ですから、聖人は煩悩を怖れないのです。仏の光（智慧）に照らされた煩悩と、そうでない煩悩は違うのです。光に照らされたら、煩悩は光ってくるのです。聖人と浄土教の祖師方との間には、これほど大きな違いがあるのです。

親鸞聖人は、無碍光仏に出遇ったら、すなわち仏の智慧をいただいたら、「不断煩悩得涅槃」の生活が始まるのであると言われるのです。この「無碍光仏」の「無碍」というのが大事なのです。

「二河譬」の本文に、「また西の岸の上に人ありて喚《よ》ばうて言わく、「汝一心に正念にして直ちに来たれ」」（『真宗聖典』二二〇頁）とありますのは、阿弥陀仏がその旅人に対して喚びかけているのです。前にも言いましたが、「直ちに来たれ」というのは「そのまま来たれ」という意味です。

善導大師がこの文章を書かれたときは、煩悩具足の身のままで来たれという意味です。多分ここで阿弥陀仏が旅人に「煩悩のことは心配するな、煩悩はお前の往生の障《さわ》りとはならない。直ちに死後往生を求めなさい」という意味で言われたのだと思います。大師のお考えの中心は「死後往生」にあったのだと思います。

ところが、親鸞聖人はこの文章を「信心の人」の力強い生き様として、現世に重心を置いて読まれたのだと思います。「ひとつとして煩悩を無くす必要はない。煩悩を持ったまま、何ひとつ身づくろいをする必要はない。仏の智慧はお前の煩悩のすべてを功徳に転ずる。だから、凡夫のまま、煩悩具足のままで、何ひとつ障りはない。すべての煩悩はお前の人生を成就するのに不可欠なものとなるだろう」と読まれたのだと思います。それが聖人の「直来」の理解であると思います。

行者を「必定の菩薩」と名づく

これまでの親鸞聖人の「二河譬」の解釈からわかることは、聖人が「二河譬」において、私たちの人生におけるたいへん積極的な生き方を教えてくださっているということです。今、阿弥陀仏の旅人に対する喚びかけの言葉を学んでいるのですが、その言葉の中にさらにもう一つ、聖人の積極的な領解を見ることができます。そこをお話しましょう。

旅人に対して阿弥陀仏が「汝、一心正念にして直ちに来れ」と言っているのですが、その言葉の中の「汝」がどのような人を意味しているのかについて、聖人は説明されているのです。聖人は『愚禿鈔』に、

「汝の言は行者なり、これすなわち必定の菩薩と名づく。」（『真宗聖典』四五五頁）

と言われているのです。「行者」は旅人です。そして「これすなわち必定の菩薩と名づく」とあります。「必定の菩薩」は「正定聚不退転の菩薩」のことです。浄土教の歴史上で、この「行者」をこのように理解したのは聖人が最初です。聖人の前に誰もおりません。この「行者」は、臨終の最後の瞬間まで欲と嫉みと怒りが一瞬として止《や》まず、煩悩が身に満ち満ちている人です。どう見ても完全な「凡夫」なのです。ところが聖人は、この「凡

夫」を「必定の菩薩」（必ず仏と成ると決まった菩薩）であると言うのです。この凡夫であると同時に「必定の菩薩」の位を得た人が、人生の終わりに必ず阿弥陀仏と同じ仏に成るというのです。

善導大師はそのような理解は夢にも考えたことはなかったでしょう。親鸞聖人以前の浄土教の教えでは、その「行者」はこの世では煩悩があって救いようがない凡夫で、絶対に菩薩には成れないのです。ですから、「百歩」を歩み終わって、死んで、清らかな世界である浄土へ行って、そこで初めて正定聚の位について、菩薩に成って煩悩を除く修行をして、やがて仏に成るというのです。これが聖人以前の浄土教の祖師方のお考えです。しかし聖人は、三定死を体験して「白道」をいただいた人は現世で「必定の菩薩」と成り、人生の終わりには必ず阿弥陀と同体の仏に成る、と言うのです。「必定の菩薩」に成り、必ず仏に成って人生を完成する、と言うのです。その人の人生は無駄に終わらない、空過の人生にならないというのです。

七高僧の中で龍樹大士だけが、聖人と同じく現生で「必定の菩薩」になると明確に言っています。ですから『愚禿鈔』の次の所に、

「龍樹《りゅうじゅ》大士の『十住毘婆沙論《じゅうじゅうびばしゃろん》』に曰《い》わく「即時入必定《そくじにゅうひつじょう》」となり。」（『真宗聖典』四五五頁）

とあります。「即時」ということは「今ここで」「現生で」ということです。「入必定」と

いうことは「必ず仏に成ることが定まる」ということです。ですから、信心をいただいた人は、今ここで必ず仏に成ることに定まるということです。そして次に聖人は、「曇鸞《どんらん》菩薩の『論』には「入正定聚之数《にゅうしょうじょうじゅ》」と曰《い》えり。」(『真宗聖典』四五五頁)と言っています。「聚」というのは「法の仲間」ということですから、信心をいただいた人は、そこですぐに「仏に成ることに正しく定まった法の仲間の一員となる」ということです。聖人はこの曇鸞大師の言葉を、龍樹大士の言葉と同じものとして理解しています。

七　親鸞聖人の「往生」観と「成仏」観

以上、親鸞聖人の「二河白道の譬喩」観についてお話ししました。この譬えに関しまして、聖人は善導大師が考えたこともない独自な解釈をいくつかされておられます。特に二師における最大の違いは、いつその旅人が「正定聚不退転」の位に着くかに関してです。善導大師は、その旅人は死後に浄土へ往生して、そこで正定聚不退転の位に着き、そこから仏に成る菩薩道の歩みが始まると考えられました。ところが、親鸞聖人は、その旅人が「三定死」を体験したときに往生して「正定聚不退転」の位に着き菩薩の位をたまわると考えました。この最大の相違点を前提にして、親鸞聖人の往生観と成仏観を語りたいと思います。

親鸞聖人の「往生」観

親鸞聖人以前の浄土教は、この世の目的は、死んで浄土に往生するということなのです。ですから、死後に浄土で菩薩になり修行して、やがて成仏するというのです。力強い仏道の歩みを死後に持っていってしまったのです。特に中国浄土教では、生きている間は世界も人間も全く絶望的に退廃しているから何も良いことは望めないという末法思想が一般に信じられていたのです。死んだ後に素晴らしい世界が待っているから早く死んだ方がよいと言って、木の上から飛び降りたり、海に身投げしたりして、自殺した人がたくさんいたのです。善導大師の周りにもそういう人がいたのです。そのような自殺往生者を讃える『往生伝』という書物がいくつか作られたのです。

しかし、仏教はもともとそういう教えではありません。本当に自己に目覚めて力強い人生を生きるというのが釈尊の教えです。その釈尊の教えの本質を親鸞聖人は学んで、それまでの浄土教が「死後往生」が中心になっていたのを、釈尊が教えたように、この人生を力強く生きることが仏教の中心課題であるのだと言ったのです。そして究極の真理と一体になって人生を完成することを成仏するというのだ、と教えたのです。

ですから、親鸞聖人が「真宗」という言葉を使うときは、それを「真の仏教」あるいは「釈尊の教えの真髄」という意味の言葉として使うのです。聖人は、自分は法然上人からこの「真宗」をいただいたのだと言うのです。

聖人は、この身が死んでからではなく、その旅人が三定死を体験して新しい歩みを実現したように、私たちも今ここで古い自己に死に、新しい自己に生まれるという体験をして、力強い生活に入らねばならない、と言うのです。

この聖人の往生観は、次の善導大師の文章を聖人がどのように理解したかを見ることによって、よくわかります。善導大師は『往生礼讃』において、

「前念命終、後念即生彼国」（前念に命終して、後念にすなわち彼の国に生ず）

（『真宗聖教全書』一、六五二頁）

と書かれています。それを聖人は『愚禿抄』で次のように書いています。

「本願を信受するは、前念命終なり。

即得往生は、後念即生なり。」（『真宗聖典』四三〇頁）

善導大師が「前念命終、後念即生彼国」と言ったとき、大師は「肉体の死の後の往生」を語ったのですが、聖人はその大師の言葉を「真実浄信心」のこと、すなわち「現世往生」のこととし、現世において信心を体験するとき（あるいは三定死を体験するとき）人は

往生するのだ、と理解するのです。すなわち、聖人は「本願を信受して即得往生すること」は、古い自己が死んで新しい自己が生まれること、「前念は命終なり、後念は即生なり」と理解するのです。

ですから、ここの文章の註として、聖人は、

「即ち正定聚の数に入る。即の時、必定に入る。また必定の菩薩と名づくるなり。」

（『真宗聖典』四三〇頁）

と言われているのです。聖人は善導大師の言葉を「死後往生」のこととはしないで、「信心」の体験のことであるとはっきり示しておられるのです。

このように聖人にとっては、「往生」と「正定聚の数に入ること」と「信心」との三つは全く同じことを意味するのです。（『真宗聖典』六三五～六三六頁参照）

では、聖人にとって「往生」の体験は具体的に何を意味しているのかと言いますと、それは本当の聞法精進がそこから始まるということです。「往生」は出発点なのです。本当の聞法精進の出発点を「信心」とも「正定聚不退転」とも「往生」とも言うのです。仏教の目的は「成仏」なのです。「往生」が目的ではないのです。「信心」あるいは「往生」によって、真の聞法求道の生活が始まるということなのです。

親鸞聖人が「信心のさだまるとき、往生またさだまるなり」（『真宗聖典』六〇〇頁）と言

いますが、それは「信心」のはじまるとき「往生」がはじまるという意味です。「往生」は今あるいは死後に一回あるというものでなく、「信心」と同じで、「三定死」の体験と同時に起こり、私たちの人生が終わるまで刻々と深められてゆくものなのです。

ですから、信心をいただいたときに往生が始まり、それが臨終の時に完結する、と言ってもよいのです。信心をいただいたから終わりではないのです。そこから求道精進の生活が始まり、そこから本当の聴聞の生活が始まるのです。

以上、聖人の往生観をまとめてみました。次に聖人の成仏観をまとめてみましょう。

親鸞聖人の「成仏」観

聖人の「信心の人」の涅槃あるいは成仏については「譬喩」の解説の最後に語りましたが、さらに聖人は「成仏」に関して次のように言われます。

「念仏衆生は、横超の金剛心を窮むるが故に、臨終一念の夕《ゆうべ》、大般涅槃《だいはつねはん》を超証す。」

（『真宗聖典』二五〇頁）

「臨終一念の夕」というのは死んだ後ということではなく、死ぬ瞬間ということです。最期に息を引き取るその時に仏に成る、と言うのです。「大般涅槃」は人生が完成するという意味です。親鸞聖人は死んだ後にではなく、死ぬ瞬間に仏に成ると言うのです。

先程『一念多念文意』を読みましたが、そこに「無碍光仏のひかりの御こころにおさめとりたまうがゆえに、かならず安楽浄土へいたれば、弥陀如来とおなじく、かの正覚のはなに化生して、大般涅槃のさとりをひらかしむる」（『真宗聖典』五四五頁）とありましたように、信心の人は「弥陀同体のさとり」を体験するのです。私たちが阿弥陀仏に成るというのです。よく多くの人たちは、阿弥陀仏をキリスト教の神様と同じような救済者と考えますが、そうではないのです。キリスト教では、神様は私たちが成るものではないと考えますが、阿弥陀仏はそうではありません。私たちが成るべきものです。私たちの中に実現すべきものです。阿弥陀仏は「本当の自己」という意味です。その「本当の自己」が私たちの中に成就するということが、「弥陀同体のさとり」を体験するということなのです。この人生を通して「成仏」を成就することが仏教の目的です。死後に浄土へ行ってそこで修行して、それから仏に成るなどという教えは仏教ではありません。

以上、聖人の往生観と成仏観をお話しましたが、このことに関して、曾我量深先生は、「往生は心にあり、成仏は身にある」（『往生と成仏』一九頁、真宗大谷派岡崎教務所発行）と言っておられます。親鸞聖人が「往生」と言われるのは心に関することであり、「成仏」ということは身に関することだと言われるのです。すなわち、聖人においては、「往生」は精神的な死を意味し、「成仏」は肉体的な死における人生の完成を意味するのだというのです。

ですから、「信心」をいただいたときに「往生」が始まり、「往生」は臨終の時に完成・完結するのです。「信心」をいただくことで終わるのではないのです。そこから本当の求道精進の生活、本当の聴聞の生活が始まるのです。「信心」が倦むことを知らない求道心なのです。この求道心が「法蔵菩薩」なのです。この「法蔵菩薩」が私たちの中で必ず阿弥陀仏と成るのです。「信心」が私たちの中で成仏するのです。聖人が「信心」を成仏の「正因」と呼び、それのみが大切だというのは、そういう理由からです。

人生成就の道

親鸞聖人までの浄土教が死後の往生を中心とする教えであったのと異なり、聖人は真の自己に目覚めて力強い人生を生きることを教えてくださったのです。

この教えのもとは言うまでもなく釈尊の教えです。釈尊は死後のことは何も語られませんでした。釈尊はお悟りを開かれ、それから力強い人生を歩まれ、最後に大般涅槃に入られて、人生を完結されたのです。釈尊は、死後の生まれ変わりを願うような生き方は生死の迷いの生き方なのだと言うのです。仏教は、死後の世界に憧れる心に、すなわち人間の二元分別知への執着に、ピリオドを打つことを教えてくれているのです。

私たちは、今ここで大地に両足を着けて、本当の「いのち」を生きていないと、あの世に生まれたい、もう一度人間として生まれ変わって来たいというような願いを持つのです。この世で成すべきことが成されていない人にとっては、来世に生まれ変わることが必要になるのです。そういう人の心の中には、希望として来世のイメージは存在するかもしれませんが、釈尊や親鸞聖人にとっては、そのような来世とか、もう一度人間に生まれ変わって来るということは、全くないのです。遇うべきものに遇った、聞くべきことを聞いたと、人間に生まれて本当によかったと、満足しておられるのです。

釈尊も親鸞聖人も死ねる人なのです。私たちはみんな死ぬのですが、死ねる人は多くはないですね。みんな死ぬのですけれども、死ねない心を持って死ぬのです。釈尊や聖人の人生の最後はピリオドです。ところが、多くの人々の死はピリオドではなくてコンマなのです。まだ死ねない、死なねばならないから、もう一つの人生が必要だ、生まれ変わることが必要だ、という思いを持って死ぬのです。死において人間存在は終わるのですが、何かがその後にないと物足りないという思いなのです。そのような完全に生き切れていない人生を、聖人は「空過」の人生、空しく過ごされた人生と言うのです。そのような人生を生きてはいけないと言うのです。

私たちは「三帰依文」に次の文章があることを知っております。

「人身受け難し、いますでに受く。仏法聞き難し、いますでに聞く。この身今生においてて度せずんば、さらにいずれの生においてかこの身を度せん。」

先ず、「人身受け難し、いますでに受く」とあります。これは私たちが人間に生まれたことはたいへん素晴らしいことだというのです。しかし、人間として生まれただけでは人生は成就しません。人間の普通の欲望の満足だけでは、人生は成就しないのです。そこにどうしても「仏法聞き難し、いますでに聞く」ということがなければならないのです。「仏法」を聞けるがゆえに、人間として生まれたことが素晴らしく、尊く有難いのです。人間だけが「聞法」できるのです。犬や猫として生まれたら聞法はできないのです。そして聞法によってのみ、すなわち仏の智慧をいただくことによってのみ、「この身を度する」、真の自己に目覚めることができるというのです。「聞法ができる今のこの人生以外の、一体どこで私たちが真の自己に目覚めることができるのであろうか」というのが、「この身今生において度せずんば、さらにいずれの生においてかこの身を度せん」ということなのです。

私たちが「今すでに聞く」と言えるようになることと、「二河譬」の旅人が「既にこの道あり」と言えるようになることは、全く同じことなのです。そこに初めて人生成就の道が始まるのです。

八　善導大師の「譬喩」と親鸞聖人の「譬喩」観のまとめ

この善導大師の「二河白道の譬喩」は素晴らしいですね。全部ご自身の体験に基づいています。体験から学んだことをドラマティックな譬喩で表現しています。そして、親鸞聖人もこの譬喩をご自身の体験を通して学んでおられます。法然上人に出遇って新しい世界に入れていただいたという喜びの体験をもとにして、聖人は「二河譬」を学んでおられます。

では最後に、今まで語ってきたことをまとめたいと思います。

まず、この本のタイトル「内奥への旅」ということについて一言します。最初にも言いましたが、仏教は「内省」の教え以外の何ものでもありません。それは、私たちすべての人間は心の内奥へ向かう旅人であるということです。そして「内省」の旅の目的は「自覚」です。「自覚」は「真の自己」を発見すること、それを実現することです。「真の自己」を実現することが、人生を成就することなのです。それが私たちの最も深い願いを成就することなのです。そのことが「成仏する」とか「大般涅槃を成就する」とか表現されるのです。善導大師の「二河白道の譬喩」はまさに心の内奥への旅、真の自己実現へのプロセスの説明なのです。

この「譬喩」の中で、私たち旅人は、自分の中に四つの我（または自己）があることを学ぶことができます。それは（1）「外向我」、（2）「内向我」、（3）「内省我の中の表層我」、（4）「内省我の中の深層我」です。この四番目の「我」が「真の自己」なのです。旅人は、先ず、最初の「我」から二番目の「我」へ、次に三番目の「我」へ、最後に四番目の「我」へと転換を体験します。このように、旅人は自分の心の内奥へ徐々に入って行くのです。そのプロセスは以下のごとくです。

旅人は旅の始めに、心の外に幸せを求める自己（すなわち「外向我」）から、心の内に幸せを求める自己（すなわち「内向我」）への転換を体験します。

しかし、自分の心の内に幸せを求めると言っても、雲を摑むような話で、旅人にとって前途は茫漠としています。そこで旅人を待っているのは幸せどころか深い空虚感と孤独感です。さらに悪いことに、「群賊・悪獣」が背後に現われて、旅人が西に向かうのを邪魔するのです。僕はこの「群賊」等による妨害を「仏道（内省）に入る前の危機」と呼びます。世俗の人々は「内省」の道に入ろうとしている人を必ず妨げようとします。それで彼らに殺されるのを恐れて、旅人が西に向かって走って行くと、中間に白道のある二つの大河に出遇うのです。

旅人が「二河」とその中間の「白道」に出遇うということは、初めて自分の心の真相（すなわち「内省」の中心課題）に向かい合うということです。ここで今まで漠然と内に幸せを求めていた旅人の「内向我」は「内省我」に転換するのです。ここに真の「内省」が始まるのです。しかし、「内省」すなわち自分の心の真相に向かい合うということは、容易なことではないのです。なぜなら、旅人が自分の心の中に見るものは、深く際限のない貪欲と怒りがほとんどで、清浄なものを求める心は、微《かす》かで頼りないものだからです。

それでも旅人は「白道」すなわち「内省」の道を歩み出すのです。しかし、すぐ立ち止まってしまいます。そこで「戻るも死、止《とど》まるも死、行くも死」という絶体絶命の境地に追い込まれてしまうのです。この「三定死」と呼ばれている箇所が譬喩の中で最も大切なところです。僕はこれを「仏道（内省）における危機」と呼びます。この「三定死」を境《さかい》として、「内省我」が二つに分かれるのです。「三定死」の前の「内省我の中の表層我」と「三定死」の後の「内省我の中の深層我」の二つに分かれるのです。前者は私たちの中の二元分別心（あるいは自力）にもとづく「宗教我」を意味し、一方後者は無分別心（あるいは他力）にもとづく「宗教我」を意味します。

では次に、旅人の「内省我の中の表層我」から「内省我の中の深層我」への最も大切な転換を語りましょう。旅人が最初、白道を歩み出したとき、彼は「内省我の中の表層我」

に頼っています。すなわち二元分別知（自力）に頼っています。自分には善・悪、浄・穢を分別できる知恵があると信じ、自分の行によって悪・穢である「貪・瞋の煩悩」を断除して、浄らかな世界へ行けると思います。しかし、自分に浄らかな「宗教我」があると思って白道の上を歩んで行きますが、激しい「貪・瞋の煩悩」の「水・火の波」に遇い、前に進むことができなくなります。煩悩を少しも除くことができないと知り、全くのお手上げとなってしまいます。

親鸞聖人は、この最初の歩みは白道ではなくて「白路」（あるいは「黒路」）と呼ばれます。「白路」は「表層我」、あるいは、二元分別知（自力）によって成り立つ仏教であり、それによって煩悩を超えることはできない、と言われます。自力は抜きがたい根を持つ「宗教我執」であり、それによって人間は救われることはないと言われます。

もはや「表層の我」の知恵と行が少しも頼りとならなくなった旅人は、「三定死」という絶体絶命の危機に陥らざるをえないのです。そして、旅人が「三定死」において「表層の我」の崩壊を体験するとき、ふと「既にこの道あり」という一瞬の目覚めが心の中に発《おこ》るのです。この目覚めは「先人の言葉を聞くのみ」という決断を意味します。先人の言葉を深く尊敬し、それに信順することのみが必要なのだ、という決断を意味します。この決断が旅人を救うのです。

その「既にこの道あり」という目覚めと同時に、旅人は釈尊の此岸からの「行け」という声と阿弥陀仏の彼岸からの「直ちに来たれ」という声を同時に聞くのです。旅人は釈尊の喚《よ》び声を通して、心の内奥からの阿弥陀仏（すなわち「深層我」あるいは「真の自己」）の喚び声、「直ちに来たれ」という喚び声を、聞くのです。阿弥陀仏は、旅人に「分別心をもとに自分を変える必要はない。善人あるいは賢者になる必要はない。本来のありのままの自己であれ。今ここにしかない〈いのち〉の世界へ帰って来なさい」と喚びかけるのです。

「阿弥陀仏」は私たちの「深層我」あるいは、「真の自己」の象徴です。「〈いのち〉そのものの自己」の象徴です。この「真の自己」が私たちに「我に来たれ」と喚びかけているのです。「表層我」が崩壊するとき、この喚びかけが聞こえてくるのです。その喚びかけと一つになることが私たちの救いなのです。

心の内奥から聞こえてくる喚びかけを聞いた旅人は、もはや自分の能力を過大視することなく、もはや自分に夢を見ることなく、人生成就の道を力強く一歩一歩歩み出すのです。そして、その旅人は「真の自己」を実現して、人生を成就するのです。

親鸞聖人は、往生は死後にあると考えた善導大師とは異なり、「三定死」における「信心」体験を、あるいは「表層我」が死して「深層我」が生まれる体験を、「往生が定まる」と表現します。すなわち、聖人は「三定死」とともに往生が始まると言うのです。聖人は、この旅人を如来によって「必定の菩薩」（すなわち必ず大般涅槃を成就する菩薩）に即位せしめられた人と理解しますから、この旅人の「三定死」によって始まる往生道は大乗の菩薩道、成仏道でもあるのです。聖人は「白道」の「百歩」の長さは人間の寿命の百年を喩えていると言います。この旅人は一歩一歩、一年一年、人生成就の道を歩むのです。聖人は「三定死」から立ち上った信心の人の人生は、必ず大般涅槃（人間の最深の願いの成就）をもって終わると言います。聖人は、この人生の成就を「往生をとげる」とも表現します。それは、「三定死」と同時に始まった往生が深められて完遂した、完成したということを意味します。

このように、この「譬喩」は私たちの心の内奥へ入って行くプロセスを教えています。普通私たちが意識している自我の背後に私たちが意識していない深い願いを持つ自己があるということを教えています。特に一番大切な教えとして、この「譬喩」は、私たちの究極の幸せは、善知識と出遇い、聴聞《ちょうもん》道をまっしぐらに歩むことであると教えています。善知識の言葉を聞くことによってのみ、心の内奥から私たちに喚びかけている「真の自己」の声を聞くことができるのです。善知識の「声ある声」を聞くとき、その「声ある声」の中に、同時に真の自己である阿弥陀仏の「声なき声」を聞くことができるのです。その声と一つになって力強く歩むことによって、私たちの「真の自己」が実現し、私たちの人生は成就するのです。

【資料】

〈二河白道の譬喩〉原文書き下し

また一切往生人等に白《もう》さく、今更に行者のために、一つの譬喩を説きて信心を守護して、もって外邪《げじゃ》異見の難を防がん。何者かこれや。譬えば、人ありて西に向かいて行かんと欲するに百千の里《り》ならん。忽然《こつねん》として中路《ちゅうろ》に二つの河あり。一つにはこれ火の河、南にあり。二つにはこれ水の河、北にあり。二河おのおの闊《ひろ》さ百歩《ひゃくぶ》、おのおの深くして底なし。南北辺《ほとり》なし。正《まさ》しく水火の中間に、一つの白道《びゃくどう》あり。闊さ四五《しご》寸許《すんばかり》なるべし。この道、東の岸より西の岸に至るに、また長さ百歩。その水の波浪交わり過ぎて道を湿《うるお》す。その火焔また来りて道を焼く。水火あい交わりて常にして休息《くそく》なけん。この人すでに空曠《くうこう》の迥《はるか》なる処に至るに、さらに人物《にんもつ》なし。多く群賊悪獣《ぐんぞくあくじゅう》ありて、この人の単独なるを見て、競い来りてこの人を殺さんと欲す。死を怖れて直ちに走りて西に向かうに、忽然《こつねん》としてこの大河《たいが》を見て、すなわち自ら念言《ねんごん》すらく、「この河、南北に辺畔《へんばん》を見ず。中間に一つの白道《びゃくどう》を見る。きわめてこれ狭少なり。二つの岸、あい去ること近しといえども、何に由ってか行くべき。今日定んで死せんこと疑わず。正しく到り回《かえ》らんと欲すれば、群賊悪獣《ぐんぞくあくじゅう》漸漸《ぜんぜん》に来り逼《せ》む。正しく南北に避《さ》り走らんと欲すれば、悪獣毒虫競い来りて我《われ》に向かう。正しく西に向かいて道を尋ねて去《ゆ》かんと欲すれば、また恐らくはこの水火の二河《にが》に堕せんことを。」時に当たりて惶怖《こうふ》すること、また言うべからず。すなわち自ら思念《しねん》すらく、「我今回《かえ》らばまた死せん。住《とど》まらばまた死せん。去《ゆ》かばまた死せん。一種として死を勉《まぬか》れざれば、我寧《やす》くこの道を尋ねて前に向こうて去《ゆ》かん。すでにこの道あり。必ず度《ど》すべし」と。この念を作《な》す時、東の岸にたちまちに人の勧むる声を聞く。「仁者《きみ》ただ決定《けつじょう》してこの道を尋ねて行け、必ず死の難なけん。もし住《とど》まらばすなわち死せん」と。また西の岸の上に人ありて喚《よば》うて言わく、「汝一心に正念《しょうねん》して直ちに来れ。我《われ》よく汝を護らん。すべて水火の難に堕せんことを畏れざれ」と。この人すでに此《ここ》に遣《つか》わし彼《かしこ》に喚うを聞きて、すなわち自ら正しく身心に当たりて、決定《けつじょう》して道を尋ねて直ちに進みて、疑怯退心《ぎこうたいしん》を生ぜずして、あるいは行くこと一《いち》分二分《ぶんにぶん》するに、東の岸の群賊等喚うて言わく、「仁者《きみ》回《かえ》り来れ。この道嶮悪《けんあく》なり。過ぐることを得じ。必ず死せんこと疑わず。我等すべて悪心あってあい向うことなし」と。この人、喚う声を聞くといえどもまた回顧《かえりみ》ず。一心に直ちに進みて道を念じて行けば、須臾《しゅゆ》にすなわち西の岸に到りて永く諸難を離る。善友《ぜんぬ》あい見て慶楽すること已《や》むことなからんがごとし。これはこれ喩《たとえ》なり。

次に喩を合《がっ》せば、「東岸」というは、すなわちこの娑婆《しゃば》の火《か》宅《たく》に喩うるなり。「西岸」というは、すなわち極楽宝国《ほうこく》に喩うるなり。「群賊悪獣詐《いつわ》り親む」というは、すなわち衆生《しゅじょう》の六根《ろっこん》・六識《ろくしき》・六塵《ろくじん》・五陰《ごおん》・四大《しだい》に喩うるなり。「無人空迥《くうぎょう》の沢《さわ》」というは、すなわち常に悪友《あくう》に随いて、真の善知《ぜんち》識《しき》に値《あ》わざるに喩うるなり。「水火二河」というは、すなわち衆生の貪愛《とんあい》は水のごとし、瞋憎《しんぞう》は火のごとしと喩うるなり。「中間の白道四五寸」というは、すなわち衆生の貪瞋《とんじん》煩悩の中に、よく清浄《しょうじょう》願往生《がんおうじょう》の心を生ぜしむるに喩うるなり。いまし貪瞋強きによるがゆえに、すなわち水火のごとしと喩う。善心微なるがゆえに、白《びゃく》道《どう》のごとしと喩う。また「水波常に道を湿《うるお》す」とは、すなわち愛心常に起こりてよく善心を染汚《ぜんま》するに喩うるなり。また「火焔常に道を焼く」とは、すなわち瞋嫌《しんけん》の心よく功徳の法財を焼くに喩うるなり。「人、道の上を行《ゆ》いて直ちに西に向かう」というは、すなわちもろもろの行業《ぎょうごう》を回《え》して直ちに西方に向かうに喩うるなり。「東の岸に人の声勧め遣《つか》わすを聞きて、道を尋ねて直ちに西に進む」というは、すなわち釈迦すでに滅したまいて後の人、見たてまつらず、なお教法《きょうぼう》ありて尋ぬべきに喩う、すなわちこれを声のごとしと喩うるなり。「あるいは行くこと一分二分するに、群賊等喚《よ》び回《かえ》す」というは、すなわち別《べつ》解《げ》・別行《べつぎょう》・悪見の人等、妄《みだり》に説くに見解《けんげ》をもって、迭《たが》いにあい惑乱し、および自ら罪を造りて退失すと喩うるなり。「西の岸の上に人ありて喚《よば》う」というは、すなわち弥陀の願意に喩うるなり。「須臾《しゅゆ》に西の岸に到りて善友あい見て喜ぶ」というは、すなわち衆生久しく生死《しょうじ》に沈みて、曠劫《こうごう》より輪廻し迷倒して、自ら纏《まと》うて解脱《げだつ》に由《よし》なし、仰いで釈迦発遣《はっけん》して指《おし》えて西方に向かえたまうことを蒙《かぶ》り、また弥陀の悲心招喚《しょうかん》したまうに藉《よ》って、今二尊の意《おんこころ》に信順して、水火二河を顧みず、念念に遺《わす》るることなく、かの願力の道に乗じて、捨命已後かの国に生まるることを得て、仏とあい見て慶喜すること何ぞ極まらんと喩うるなり。（『真宗聖典』二一九頁〜二二一頁）

〈二河白道の譬喩〉口語訳

ある一人の旅人がいました。彼が西に向かって行こうとすると、眼の前に百千里の広野が現われました。そして、その広野を歩いて行くと、突然二つの河が現われました。一つは火の河で南に向かって流れ、もう一つは水の河で北に向かって流れていました。二つの河はそれぞれ幅が百歩であり、どちらも底なしの深さでした。南も北も見渡す限り際限はありません。その水と火の二河の中間に一つの白道があり、その幅は四、五寸ほどです。この道は東の岸から西の岸に向かっていて、その長さは百歩です。水の河の波浪は白道を覆《おお》い、火の河の火焔も白道を襲い焼いていました。その水波と火焔は交互に白道を覆い続けて少しも止《や》むことはありません。

この旅人は、空漠とした果てのない広野にいる自分に気づきました。そこには誰一人いません。多くの群賊や悪獣がいて、この旅人がただ一人であるのを見て、競い争って彼に襲いかかり、殺そうとしました。

そのとき、この旅人は死をおそれて、ただちに走って西に向かいましたが、突然この大河を眼前にして思いました。〈この二つの河は、南も北も果てがない。その中間に一本の白道が見えるが、その道幅はきわめて狭い。向こう岸までは近いようだけれども、どうしたら渡ることができるだろうか。〉

その旅人はさらに次のように思いました。

〈今日、必ず死ぬにちがいない。今来た道を戻ろうとしたら、群賊や悪獣が次々に襲ってくるだろう。また南か北へ逃げ走ったら、悪獣や毒虫が争うようにして私に向かってくるだろう。また西に向かって道に従って進んで行ったら、多分水・火の二河の中に落ちるであろう。〉

このときの旅人の恐怖は言語に絶するものでした。そこで、彼は次のように考えました。

〈私は今戻っても死ぬだろう。ここにとどまっても死ぬだろう。前に進んで行っても死ぬだろう。どのようにしても死をのがれることはできない。ならば、私はこの道に従って前に向かって行こう。既にこの道がある。必ず向こう岸へ渡れるにちがいない。〉

旅人がそう思ったとき、たちまち東の岸から「人」が勧める声が聞こえてきました。

「君よ、ただ決心してその道に従って進んで行け。死ぬ危険は絶対にない。もしそこにとどまったら死ぬであろう。」

そのとき、西の岸にも「人」がいて、その人の喚《よ》ぶ声がしました。

「お前、一心に私に向かって直ちに来なさい。私がお前を護ってあげよう。水・火の危険に落ちることを恐れることはないのだ。」

そこでこの旅人は、東岸からの「行け」という声と、西岸からの「来い」という声を聞いて、それらの声を全身で受け止め、決心してただちにその白道に従って進み、少しも疑いも臆する心も起こしませんでした。しかし、その白道を一歩二歩と進んだところで、東岸の群賊たちが喚《よ》びかけて来たのでした。

「あなた、こちらへ戻って来なさい。この道は歩行困難で、向こう岸に行くことはできないよ。必ず河に落ちて死んでしまうよ。私たちは誰も悪意をもってあなたに向かっているのではないんだよ。」

この旅人はその群賊の喚《よ》ぶ声を聞いたけれども、少しも戻る気持ちは起こしませんでした。一心に真っ直ぐにその白道を念じて進み、すぐに西の岸に到って、すべてのさまざまな苦悩をはなれることができたのです。善い友と出遇い、喜びはかぎりがありませんでした。これが喩えです。

次に譬喩の意味を説明しましょう。「東の岸」は、この私たちが住んでいる「火で燃えている家のような苦しみの世界」を喩えています。「西の岸」は、「極楽国」を喩えています。次に「群賊・悪獣が、あたかも親しい者のように偽善的に振る舞う」というのは、私たち人間存在が生み出しているもののことです。人間という存在は三つの視点から説明できます。第一は眼耳等の六つの感覚器官と、その六つの感覚器官の対象、そして眼耳等の六つの意識から成っているということ、第二は色《しき》（肉体）と心を形成している受《じゅ》・想《そう》・行《ぎょう》・識《しき》の五つの集まりから成っているということ、第三は地・水・火・風の四つの要素から成っているということです。これらの人間存在を成り立たせているもののはたらきを「群賊・悪獣が、あたかも親しい者のように偽善的に振る舞う」と喩えているのです。「誰もいない広漠としている沢」とは、常に悪友と親交して、真の師に遇わないことを喩えています。

「水の河と火の河」は人間の「貪愛」は水のようであり、「怒りと憎しみ」は火のようであると喩えているのです。「二河の中間に四、五寸の白道がある」というのは、人間の貪りと怒りの煩悩の真只中に、能《よ》く清浄な往生を願う心が起こることを喩えています。貪り心と怒りはたいへん強烈なもので、水と火のようだと喩え、一方、善い心は微《かす》かなので、細い白道のようだと喩えているのです。さらに「河の波が常に道を濡らす」というのは、愛欲の心が常に起こって、能《よ》く善い心を汚すことを喩えています。また「火焰が常に道を焼く」というのは、怒り・憎悪の心が、能く人間が生来持っている仏法を求める尊い素質を焼くことを喩えているのです。

「人が道の上を進み行き、直《ただ》ちに西に向う」というのは、人がさまざまな「行」をして、その功徳によって、直ちに西方に向かうことを喩えています。「東の岸から〈行け〉と勧める声を聞いて、道に従って直ちに西に進む」というのは、釈尊が既に入滅されて以来、誰も釈尊にお遇いした人はいないけれど、釈尊の教法は今もなお存在していて、人はそれを求めることはできるということを喩えています。すなわち、教法を声のようだと喩えているのです。

さらに「道を一歩二歩と進んでいくと、群賊たちが戻って来いと呼びかける」というのは、別の仏教理解をする人たち、別の修行をする人たち、誤った見解を持つ人たちが、自分勝手な主義主張を以て互いに昏迷し合い、さらに彼らが旅人に「お前は自分で罪をつくって、仏道から脱落するぞ」と説いていることを喩えています。

「西の岸の上に人がいて旅人に喚《よ》びかける」というのは、阿弥陀仏の本願にこめられたお心を喩えています。「すぐに西の岸に到って、善き友と出遇い、喜び合う」とは、次のことを喩えています。すなわち、人間は長い間迷いに沈んでいて、遠いはるかな昔から円環の上をぐるぐる回るような生活をしてきました。真理に逆行し、自縄自縛の不自由な生活をして、その状況から解放される方法はありませんでした。ところが、釈尊が背後から

「行け」と教えて西へ向かわせてくださり、同時に阿弥陀仏が「来い」と大悲心を以て呼びかけてくださいました。すなわち、今旅人は二尊のお心を信じ、それに順じて、水と火の二つの河に落ちる恐れをかえりみず、二尊のお心を一瞬も忘れることなく、その白道すなわち西方に向かわしめる仏の願力に身を任せました。それで、肉体の死後、阿弥陀仏の国へ生まれることができ、阿弥陀仏に出遇えた慶びは、なんと限りなく素晴らしいものであることか、ということです。以上のことを「すぐに西の岸に到って、善き友と出遇い、喜び合う」と喩えているのです。

〈親鸞聖人の「譬喩」〉の解釈

(一)『教行信証』

真《まこと》に知りぬ。二河《にが》の譬喩の中に、「白道《びゃくどう》四五寸」と言うは、「白道」とは、「白」の言は黒に対するなり。「白」は、すなわちこれ選択《せんじゃく》摂取の白業《びゃくごう》、往相回向の浄業なり。「黒」は、すなわちこれ無明煩悩の黒業、二乗・人天の雑善《ぞうぜん》なり。「道」の言は、路に対せるなり。「道」は、すなわちこれ本願一実の直道《じきどう》、大般涅槃《だいはつねはん》無上の大道なり。「路」は、すなわちこれ二乗・三乗・万善諸行の小路なり。「四五寸」と言うは、衆生の四大・五陰《ごおん》に喩うるなり。「能生清浄願心《のうしょうしょうじょうがんしん》」と言うは、金剛の真心《しんしん》を獲得《ぎゃくとく》するなり。本願力回向の大信心海なるがゆえに、破壊《はえ》すべからず。これを「金剛のごとし」と喩うるなり。

（『教行信証』「信巻」、『真宗聖典』二三四頁）

㈡『愚禿鈔』

二河《にが》の中について、

「一の譬喩を説きて信心を守護して、もって外邪異見の難を防がん」と。

「この道、東の岸より西の岸に至るまでまた長さ百歩なり。」文

百歩とは、人寿《にんじゅ》百歳に喩うるなり。

「群賊悪獣」とは、

群賊は、別解《べつげ》・別行・異見・異執・悪見・邪心・定散《じょうさん》自力の心なり。

悪獣は、六根・六識・六塵・五陰・四大なり。

「常に悪友に随う」というは、

悪友は、善友に対す、雑毒虚仮の人なり。

「無人空迥《くうぎょう》の沢と言うは、悪友なり、真の善知識に値わざるなり。

真の言は、仮に対し偽に対す。

善知識は、悪知識に対するなり。

真善知識、正善知識、実善知識、是善知識、善善知識、善性の人なり。

悪の知識は、

仮善知識、偽善知識、邪善知識、虚善知識、非善知識、悪知識、悪性の人なり。

「白道四五寸」と言うは、

白道とは、白の言は黒に対す。道の言は路に対す。白はすなわちこれ六度万行、定散なり。これすなわち自力小善の路なり。黒はすなわちこれ六趣・四生・二十五有・十二類生の黒悪道なり。

四五寸とは、四の言は四大毒蛇に喩うるなり。五の言は五陰《ごおん》悪獣に喩うるなり。

「能生清浄願往生心」と言うは、無上の信心・金剛の真心を発起するなり。これは如来回向の信楽《しんぎょう》なり。

「あるいは行くこと一分二分す」と言うは、年歳時節に喩うるなり。

「悪見人等」と言うは、憍慢・懈怠・邪見・疑心の人なり。

また「西岸上に人ありて喚《よ》ぼうて言わく、汝一心正念にして直ちに来たれ、我よく護ら

ん」というは、

「西岸の上に人ありて喚ぼうて言わく」というは、阿弥陀如来の誓願なり。

「汝」の言は行者なり。これすなわち必定《ひつじょう》の菩薩と名づく。龍樹《りゅうじゅ》大士の『十住毘婆沙《じゅうじゅうびばしゃ》論《ろん》』に曰《い》わく「即時入必定」となり。曇鸞《どんらん》菩薩の『論』には「入正定聚《しょうじょうじゅ》之数」と曰えり。善導和尚は「希有人なり・最勝人なり・妙好人なり・好人なり・上上人なり」・「真の仏弟子なり」と言えり。

「一心」の言は、真実の信心なり。

「正念」の言は、選択摂取の本願なり。また「第一希有の行」なり。金剛不壊《ふえ》の心なり。

「直」の言は、回に対し、迂に対するなり。また「直」の言は、方便仮門を捨てて如来大願の他力に帰するなり。諸仏出世の直説を顕さしめんと欲してなり。

「来」の言は、去に対し、往に対するなり。また報土に還来《げんらい》せしめんと欲してなり。

「我」の言は、尽十方無碍光如来なり、不可思議光仏なり。

「能」の言は、不堪に対するなり、疑心の人なり。

「護」の言は、阿弥陀仏果上の正意を顕すなり、また摂取不捨を形《あらわ》すの貌《かおばせ》なり、すなわちこれ現生護念なり。

「念道」の言は、他力白道を念ぜよとなり。

「慶楽《きょうらく》」とは、「慶」の言は印可の言なり、獲得《ぎゃくとく》の言なり。「楽」の言は悦喜の言なり、歓喜踊躍《ゆやく》なり。

「仰ぎて釈迦発遣して指《おし》えて西方に向かえたもうことを蒙る」というは、順なり。

「また弥陀の悲心招喚したまうに藉《よ》る」というは、信なり。

「いま二尊の意《こころ》に信順して水火二河を顧みず、念念に遺《わす》るることなく、かの願力の道に乗ず」といえり。（『愚禿鈔』、『真宗聖典』四五二頁～四五六頁）

㈢『一念多念文意』

「致使凡夫念即生」というは、「致」はむねとすという。むねとすというは、これを本とすということばなり。いたるという。いたるというは、実報土《じっぽうど》にいたるとなり。「使」はせしむという。「凡夫」はすなわちわれらなり。本願力を信楽《しんぎょう》するをむねとすべしとなり。「念」は如来の御ちかいをふたごころなく信ずるをいうなり。「即」はすなわちという。ときをへず、日をへだてず、正定聚《しょうじょうじゅ》のくらいにさだまるを即生《そくしょう》というなり。「生」はうまるという。これを「念即生」ともうすなり。また「即」はつくという。つくというは、くらいにかならずのぼるべきみというなり。世俗のならいにも、くにの王のくらいにのぼるをば、即位という。位というは、くらいという。これを東宮のくらいにいるひとは、かならず王のくらいにつくがごとく、正定聚のくらいにつくは、東宮のくらいのごとし。王にのぼるは即位という。これはすなわち無上大涅槃にいたるをもうすなり。信心のひとは、正定聚にいたりて、かならず滅度にいたると、ちかいたまえるなり。これを「致」とすというう。むねとすともうすは、涅槃のさとりをひらくをむねとすとなり。凡夫というは、無明《むみょう》煩悩《ぼんのう》われらがみにみちみちて、欲もおおく、いかり、はらだち、そねみ、ねたむこころおおく、ひまなくして、臨終の一念にいたるまでとどまらず、きえず、たえずと、水火二河のたとえにあらわれたり。かかるあさましきわれら、願力の白道を一分二分、ようようずつあゆみゆけば、無碍光仏《むげこうぶつ》のひかりの御こころにおさめとりたまうがゆえに、かならず安楽浄土へいたれば、弥陀如来とおなじく、かの正覚《しょうがく》のはなに化生して、大般涅槃《だいはつねはん》のさとりをひらかしむるをむねとせしむべしとなり。これを「致使凡夫念即生」ともうすなり。二河のたとえに、一分二分ゆくというは、一年二年すぎゆくにたとえたるなり。諸仏出世の直説《じきせつ》、如来成道の素懐は、凡夫は弥陀の本願を念ぜしめて、即生《そくしょう》するをむねとすべしとなり。(『一念多念文意』、『真宗聖典』五四四頁~五四五頁)

あとがき

本書は、「明悠会」から年三回発行されている『海雲』誌（清水騰堂氏編集）に掲載された羽田信生先生の御講義、「二河白道の譬喩――自己実現の道における二つの危機――」がベースになっている。

「明悠会」は、毎田周一師に学ぶ会である。毎田周一師（一九〇六―一九六七）は、金沢市に生まれ、暁烏敏師に出会い、また京都帝国大学で西田幾多郎博士に学び、長野県の師範学校の教諭を勤め、多くの教え子に多大な感化を与えた方である。昭和四十二年に師が亡くなられると、『毎田周一全集』が刊行され、お弟子の方々によって師に学ぶ会が発足し、今日に至っている。

『海雲』誌上でこの御講義を拝読したとき、羽田先生の中に響いている「二尊」の発遣《はっけん》と召喚《しょうかん》の声が、私にあらためて聞こえて来た。私たちは様々な書物を読んでいるが、「ほんとうに」読むということは、その書物から「声」を聞くことであろう。「読む」ことは

「聞く」ことなのである。「二河白道の譬喩」は、中国浄土教の大成者・善導大師が『仏説観無量寿経』を読み、そこから聞こえてきた「声」を述べたものである。そこに善導大師の体験がある。羽田先生もまたその善導の「声」を聞き、さらに善導の「声」を聞いた親鸞の「声」を聞き、深く「二河白道の譬喩」を解きほぐしてくださったのである。

羽田先生の御講義を聴くたびに、私には、先生の中に響いている「法」が音楽のように聞こえてくる。普遍的な「法」に触れている先生の語りかけ・呼びかけは、「まえがき」で清水騰堂さんが述べられているとおり「信の一念」の発露展開だからである。

「二河白道の譬喩」は常に「信の一念」に立つことを教えている。善導自身「二河譬」を述べ終えた締めの言葉に「一切の行者よ、行住坐臥に、三業の所修、昼夜時節を問うことなく、常にこの解をなし、常にこの想をなせ」と述べている。「信の一念」は決して型にはまったものではなく、宿業の大地に立って、その根源に帰っていくものである。羽田先生は常に「信の一念」に立って業縁の只中で仏法の根源を語っておられる。「信の一念」に立つところに「法」は「今現在」する。現行《げんぎょう》するのである。羽田先生は、仏教の伝統を踏まえ、その根源に帰り、伝統を輝かせている「学道」の人なのである。「浄土真宗の教学」とは、「教学する」営みであり、「教え」に生かされ、生きることなのであると、あらためてしみじみと思う。単なる教理・教義の概念ではなく、「信の一念」（念仏）の響きを湛えた、生きた「仏法」を読者のみなさまに感じてもらえれば、これに過ぎた喜びはない。

最後に、非常にご多忙の中、加筆修正してくださった先生に、心からお礼を申し上げます。また出版にあたり、種々お世話くださった方丈堂出版の上別府茂様に、深く感謝いたします。有難うございました。

二〇二三年八月三日

大城邦義

〈著者略歴〉

羽田信生（はねだ　のぶお）

1946年　長野県に生まれる
1969年　東京外国語大学ロシア語科卒業
　　　　大学4年生のとき、毎田周一師の著書を読み、仏教を学ぶようになる
1969～1971年　『毎田周一全集』の出版に携わる
1971年　渡米
1979年　ウィスコンシン州立大学にてPh.Dを取得。専門は仏教学・真宗学
1984年　バークレー仏教大学院（IBS）学監兼主任教授
1997年　バークレー毎田仏教センター所長（現在に至る）
2016～17年　大谷大学大学院非常勤講師

【著書・翻訳書】
『Lectures on Shin Buddhism』（廣瀬杲作品集）東本願寺出版部
『December Fan』（清沢満之作品集）東本願寺出版部
『The Evil Person』（毎田周一作品集）Shinshu Center of America
『Heard by Me』（毎田周一作品集）Frog Press
『Dharma Breeze』（羽田信生エッセイ集）Maida Center of Buddhism
『法蔵菩薩化してこそ』明悠会
『親鸞の「大無量寿経」』（上）樹心社
『アメリカで真宗を学ぶ―親鸞聖人の「三願転入」とアメリカ人の真宗理解―』
他多数

【現住所】
2609 Regent Street Berkeley, CA94704 U.S.A.

【毎田センターweb site】
http://maida-center.org

内奥《ないおう》への旅《たび》
——親鸞《しんらん》聖人《しょうにん》の「二《に》河白道《がびゃくどう》」観《かん》——

二〇二三年一〇月二〇日　初版第一刷発行

著　者　羽田信生
発行者　光本　稔
発　行　株式会社　方丈堂出版
京都市伏見区日野不動講町三八—二五
郵便番号　六〇一—一四二二
電話　〇七五—五七二—七五〇八
発　売　株式会社　オクターブ
京都市左京区一乗寺松原町三一—二
郵便番号　六〇六—八一五六
電話　〇七五—七〇八—七一六八

印刷・製本　立生株式会社

ISBN978-4-89231-231-1